Biblioteca di ImpresaLavoro

© 2016 Salvatore Zecchini
Edizioni "Biblioteca di ImpresaLavoro"
Prima edizione: giugno 2016
ISBN: 1533495726
ISBN-13: 978-1533495723

Salvatore Zecchini

LA POLITICA ITALIANA PER L'INNOVAZIONE
Criticità e confronti

impresa lavoro
Centro Studi

*Gran parte del progresso sta
nella volontà di progredire.*
L. Seneca

PREFAZIONE

Dall'inizio della crisi economica nel 2008 si fa un gran dire sull'importanza dell'innovazione tra le imprese per accrescere la competitività e ritornare a una crescita soddisfacente e sostenibile. Dell'innovazione hanno fatto la propria bandiera i quattro governi che si sono succeduti in questo decennio, tutti reclamando di aver introdotto misure per favorire ricerca ed innovazione. La realtà dei risultati sul campo ci presenta un quadro deludente: i progressi sono stati di gran lunga inferiori alle attese e il Paese continua a rimanere tra quelli in cui l'innovazione risulta modesta.

Come spiegare questi risultati? Indubbiamente le politiche governative hanno un peso determinante, pur nel contesto di un periodo caratterizzato da una doppia recessione, una ripresa economica tenue, limitata capacità di competere sui mercati e carenze di domanda sui mercati. Stranamente sono rare e parziali le analisi della politica perseguita in questi anni a sostegno dell'innovazione, lasciando quindi un vuoto di percezione tra gli osservatori e i decisori politici sulle inadeguatezze di quanto fatto e le debolezze su cui è invece necessario intervenire e con mezzi appropriati.

Nasce da queste considerazioni lo spunto che ha spinto l'autore a esaminare con attenzione l'insieme degli interventi messi in atto dai governanti e a confrontarli, da un lato, con la realtà del fare innovazione in Italia, e dall'altro lato, con le politiche e strategie disegnate ed attuate dai Paesi di maggior successo nella ricerca ed innovazione. L'esigenza è di individuare meglio le pecche nel sistema italiano e, per emendarle, trarre indicazioni da misure attuate all'estero e riadattabili al nostro caso. In mancanza di una conoscenza approfondita delle difficoltà incontrate dalle imprese italiane in questa attività, non si vede come il decisore politico possa sapere dove e in qual modo sia più urgente ed opportuno intervenire. Ma conoscere quali approcci abbiano funzionato nei Paesi più avanzati non implica che si possano trasferire *tel quel* nella nostra realtà, perché innovare è frutto di un insieme di fattori che non sono presenti ovunque nel mondo, né replicabili in contesti culturali, economici e sociali differenti. Si tratta piuttosto di ricavarne idee che possono essere riadattate e provate nel nostro tessuto imprenditoriale.

Il metodo di analisi che si applica sovente in questo campo è quello microeconomico, ovvero esaminare i casi di imprese di successo per vedere in quali tratti del loro operare sta la chiave del loro avanzamento. Tuttavia il mondo delle imprese e dell'economia italiana è troppo variegato per riuscire ad ottenere da singoli casi un quadro esauriente dell'insieme dei problemi e delle soluzioni più e meno feconde di risultati. Si è pertanto fatto ricorso ai dati dell'intero sistema di imprese nel rapporto con la ricerca e l'innovazione, dati tratti dalle fonti statistiche ufficiali, l'Istat, l'Eurostat, il MIUR e il MiSE. Al tempo stesso si sono passate in rassegna le politiche seguite dagli altri Paesi leader nel settore per affrontare debolezze e difficoltà delle loro imprese, che sono assimilabili a quelle incontrate dalle omologhe italiane.

Di grande ausilio in questa opera è stata la partecipazione dell'autore in qualità di *discussant* agli incontri del Comitato Industria, Innovazione ed Imprenditoria dell'OECD (CIIE), e dei suoi Gruppi di lavoro, tra cui in particolare il *Working Party on Small- and Medium-size Enterprises and Entrepreneurship* (WPSMEE), di cui è stato il presidente e la guida per più di cinque anni. Il Comitato in parola ha avuto il ruolo principale nella preparazione della Strategia per l'Innovazione dell'OECD, che il Consiglio dei Ministri dei Paesi membri ha varato nel 2010 ed aggiornato nel 2015.

I temi dell'innovazione sono stati sviscerati anche nelle riunioni tecniche dell'OECD, quali in specie quelle dello *Expert Group on the Evaluation of Industrial Policy* (2012-2014) ed in altri gruppi tecnici sulla produttività. La politica per l'innovazione va, infatti, inquadrata nell'ambito della politica industriale, come una delle forme di intervento pubblico che appaiono più giustificate in un'economia di mercato concorrenziale, in quanto sopperisce ad esigenze che il mercato per sua natura non riesce interamente a soddisfare, oppure al bisogno di massimizzare le ricadute esterne *(spill-over effects)* dell'avanzamento delle conoscenze.

Il lavoro condensa in una visione d'insieme una miriade di misure e strumenti che sono stati impiegati allo scopo da diversi ministeri ed autorità sul territorio italiano, e disseminati in innumerevoli provvedimenti ad iniziare dagli ultimi anni del primo decennio. Allo stesso tempo il riferimento agli studi e pubblicazioni dell'OECD serve a richiamare l'imponente letteratura sul tema, a cui si è attinto e che per ragioni di snellezza non viene qui citata.

Nelle conclusioni si formula un insieme di proposte per il miglioramento della politica italiana sul tema, ben sapendo che l'oggetto su cui intervenire è in continuo divenire e che gli interventi debbono essere appropriati in rapporto ai tempi, all'evolvere dell'imprenditoria, alla disponibilità di risorse, sia pubbliche, che private, e alla capacità di gestione della pubblica amministrazione.

Una prima versione del lavoro è stata presentata alla Fondazione ASTRID a Roma e resa pubblica dalla stessa nel novembre 2015; si ritiene che probabilmente gli autori del Piano Nazionale per la R&I del 2016 ne abbiano avuto conoscenza e forse ne abbiano tenuto conto. Una versione ridotta della stessa è in via di pubblicazione sulla rivista di economia e politica industriale, *L'industria*, edita da Il Mulino. La pubblicazione di questo libro rappresenta una seconda versione, molto estesa ed aggiornata per tenere conto degli sviluppi fino a metà maggio 2016.

A questo lavoro segue un contributo di Giuseppe Pennisi sull'impostazione della strategia di politica industriale in Italia e nei maggiori Paesi europei in un arco temporale più lungo. Nel suo saggio si mette in luce il diverso grado di interventismo dei Paesi nello sviluppo del sistema industriale e la grande importanza assegnata negli anni alle condizioni per ottenere un rapido avanzamento tecnologico, al modo di fare sistema a questo fine e all'accettazione da parte del soggetto pubblico dei rischi nell'aprire nuovi crinali tecnologici di specializzazione dell'industria nazionale.

EXECUTIVE SUMMARY

Malgrado i numerosi sostegni introdotti dai governanti dal 2010 ad oggi per accrescere ricerca ed innovazione, l'Italia non è riuscita a ridurre il divario che la separa dalle economie più innovative dell'UE, ma è rimasta nel gruppo di Paesi a moderata innovazione. Al tempo stesso, l'attività di innovazione, particolarmente tra le piccole e medie imprese, si è mostrata ben lungi dallo svolgere quella funzione di motore dello sviluppo economico che si auspicava sia negli anni della recessione economica, sia negli anni pre-crisi. Per gran parte del sistema imprese, infatti, assorbire le nuove conoscenze per impiegarle al fine di servire il mercato - che costituisce l'essenza dell'innovare per generare nuova ricchezza e lavoro - si è rivelato un compito particolarmente difficile a causa di diversi ostacoli.

Tra loro l'aspetto più significativo, sotto un profilo generale, è dato dalle carenze nello sviluppare un sistema di intense relazioni tra i vari attori del processo innovativo, che comprendono non solo i ricercatori, ma fornitori, clienti, consulenti, laboratori di ricerca, partner esterni, università e centri del sapere, ai quali va a sovrapporsi il soggetto pubblico, quale promotore, sostenitore e regolatore. Si può dire che in Italia manca un effettivo sistema d'innovazione, pur essendovi tutte le sue componenti e gli attori. Ma gli impedimenti si riscontrano lungo le principali funzioni del sistema, ovvero nell'offerta di innovazione, nella sua domanda, nei meccanismi di diffusione dell'innovazione tra le imprese, nelle condizioni di contesto per generarla ed applicarla, e nella *governance* della policy per l'innovazione. Un condizionamento importante nel fare ed applicare innovazione sta proprio nella ridotta dimensione di gran parte delle imprese italiane, che lascia pochi margini di risorse da dedicare a questo tipo d'investimento. Per le imprese medio-grandi, invece, la sfida è molteplice: ossia superare una certa inerzia di sistema, abbandonare tanto vieti approcci al fare impresa quanto la permanenza sulle tecnologie esistenti piuttosto che abbracciarne di nuove più produttive, e anche nel non fermarsi su modelli di specializzazione in settori a tecnologia medio-bassa.

Altri ostacoli si incontrano nel trasferimento di conoscenza dai centri pubblici del sapere all'applicazione per il mercato, nella partecipazione delle imprese nelle filiere dell'innovazione, nella formazione o disponibilità di competenze lavorative specialistiche, nel finanziamento del rischio dell'innovazione, nell'agevolare la nascita e diffusione di una nuova imprenditoria innovativa, e nella gestione delle misure pubbliche di sostegno.

Nell'ultimo triennio i governanti sono intervenuti, anche se frammentariamente, per aiutare le imprese a superare questi ostacoli, ma lo hanno fatto senza una strategia focalizzata sui principali ostacoli nel sistema, che fosse definita nelle mete da raggiungere e negli strumenti da impiegare, che avesse massa critica e che traesse insegnamento dalla valutazione dei risultati in itinere ed ex-post. Si è prodotto, invece, su istanza dell'UE un Programma Nazionale per la Ricerca, che viene inteso anche come piano per l'innovazione, ma che è indirizzato principalmente a una delle componenti del sistema, la produzione di nuova conoscenza. La *governance* dell'intervento pubblico d'altronde è apparsa altrettanto frammentaria, con una pluralità di centri decisionali senza un coordinamento in funzione di un programma organico, ma rispondendo in misura difforme alle diverse istanze delle imprese sul territorio. A questa disfunzione si è sommata la lunghezza e complessità tanto delle procedure che della gestione degli interventi statali, che ha inciso sulla loro efficacia.

Sul piano delle risorse l'investimento in R&I del Paese (1,21% del PIL nel 2014) si è mantenuto ben al di sotto di quanto realizzato nei maggiori partner dell'UE, nonostante fosse indicato dai governi come essenziale per la ripresa dell'economia. A differenza di quanto avvenuto in quei Paesi, negli anni della crisi la spesa pubblica per il settore è rimasta sostanzialmente stagnante, mentre quella delle imprese, particolarmente delle medie e grandi, è cresciuta più rapidamente anche in rapporto agli stessi Paesi, pur senza raggiungere i loro livelli. Nell'ambito di quella pubblica, l'elemento nuovo è rappresentato dalla spesa delle Regioni, che negli ultimi anni ha sopravanzato quella statale.

Quanto alle condizioni di contesto, oltre alla scarsa duttilità dei mercati del lavoro e del capitale e alle tante pastoie poste alla concorrenza di mercato, pesa la carenza di una diffusa cultura che sia orientata all'innovazione e tesa con continuità a ricercare nuove strade per soddisfare le richieste della società e del mercato, piuttosto che arroccarsi su una avversione al rischio insito nel nuovo e nell'imprenditoria.

L'esperienza delle politiche d'intervento di altri Paesi classificati tra i leader nell'innovazione offre diversi spunti per migliorare l'approccio di *policy* italiano, pur non additando un modello di successo che sia valido per tutti, in quanto ogni *policy* deve tener conto delle condizioni specifiche al Paese e del suo livello di avanzamento nell'istruzione e nel sapere. Se non tutti i Paesi di successo hanno una strategia ben definita nei traguardi e negli strumenti, tutti nondimeno affrontano i loro nodi con un approccio sui lati principali del problema, coinvolgono l'attenzione del vertice di governo, si impegnano nel coordinamento tra centri decisionali e tra misure, ed enfatizzano il supporto alle PMI anche sotto forma di servizi ritagliati su misura dell'impresa. Inoltre, prestano grande attenzione alla valutazione dell'efficacia delle misure, in itinere ed ex-post, prima di impegnare nuove risorse, e spingono università, centri di ricerca pubblici ed imprese a collaborare per ottenere cruciali trasferimenti di conoscenza alle imprese.

Tratti caratterizzanti che andrebbero applicati anche in Italia riguardano, in primo luogo, la valutazione dei trend tecnologici in atto e della collocazione delle imprese italiane; su questa base andrebbe espressa una visione sulle linee di sviluppo pluriennale del potenziale innovativo, sì da orientare le imprese e le *skills* nel medio periodo. Su questi assi, come pure su grandi progetti di R&I, va innestato il ruolo del soggetto pubblico come sollecitatore di quell'incontro tra nuovo sapere ed impresa che si risolve in innovazione per il mercato. Si tratta di un processo in cui l'impresa ha una parte principale nel guidare lo sviluppo e l'applicazione della nuova conoscenza, coinvolgendo anche i centri pubblici di R&S. In altri termini, università e centri di ricerca al servizio dell'impresa sulle grandi sfide dell'innovazione.

Altro compito del soggetto pubblico è condividere il rischio del finanziamento della R&I con il capitale privato e con l'impresa, nella consapevolezza che quanto più alta è la sfida tecno-innovativa, tanto più alto è il rischio da assumere. Nella selezione dei progetti, l'esperienza dei Paesi di successo indica che la scelta dovrebbe essere lasciata a una valutazione indipendente e paritetica di imprenditori ed esponenti del mondo della R&I, che non siano portatori di interessi particolari e che seguano l'attuazione del progetto, operando gli opportuni aggiustamenti in corso d'opera.

Anche la gamma delle misure d'intervento richiede un rinnovamento ed una modifica della loro *governance*. Paesi innovativi, come Regno Unito e Germania, hanno accentuato l'offerta mirata di pacchetti di servizi alla singola impresa, per assisterla lungo tutto il processo innovativo (ad es. con i *Catapult Centers*, le *Enterprise Zones*, la rete del Fraunhofer Institute). Al tempo stesso, si sono impegnati nella formazione di *skills* dedicate e nella diffusione delle nuove tecniche innovative ad ampio raggio, anche con gli strumenti della regolazione e standardizzazione. La loro esperienza, inoltre, mostra l'opportunità di sganciare la gestione delle misure di sostegno dalla responsabilità diretta dei Ministeri per affidarla ad agenzie specializzate, che applichino procedure semplici e flessibili in rapporto alle esigenze dei progetti innovativi, ma sottostiano all'occhio vigile sia del soggetto pubblico, sia del mondo imprenditoriale. In questa luce, si suggerisce di affidare i compiti di attuazione della politica ad una Agenzia specializzata, con partecipazione delle imprese e dei centri del sapere nella gestione e con diramazioni sul territorio delle Regioni.

Il coordinamento tra le diverse componenti del Governo nella programmazione di obiettivi e strumenti è in ogni caso il punto nodale per dare efficacia alla politica, e andrebbe attuato in congiunzione con l'incremento della quota di PIL destinata a R&I. Sarebbe, tuttavia, illusorio ritenere che sia sufficiente investire ingenti risorse pubbliche per ottenere un radicale salto in avanti del Paese per portarsi al passo di quelli leader in questo campo. Occorre, piuttosto, riconoscere che senza un profondo cambiamento della cultura sociale in tutte le sue articolazioni per renderla ben disposta al cambiamento, all'innovazione e alla competizione, i risultati raggiungibili saranno pur sempre limitati e confinati a segmenti del sistema.

INNOVAZIONE
E CRESCITA ECONOMICA

Nel 2000, le analisi dell'UE collocavano l'Italia tra i paesi moderatamente innovatori, dietro 14 dei 27 paesi membri (EC, 2014; Benvenuti et al., 2013). Quattordici anni dopo, il Paese si ritrova nella medesima categoria, superato da 15 paesi in termini di performance innovativa delle imprese, nonostante i progressi realizzati secondo diversi indicatori. Questa fotografia non spiega tutto, ma rende l'idea di fondo secondo cui, se non si innova più degli altri paesi, si rimane indietro nella capacità di competere sui mercati e di generare crescita. In realtà l'economia italiana ha beneficiato poco dei progressi fatti in questo campo: la crescita economica ha rallentato fino al 2007 al ritmo annuo dello 0,9%, la produttività multifattoriale è diminuita dello 0,6% tra il 2001 e il 2013, e la produttività del lavoro ha smesso di avanzare (graf.1) (OECD, 2015; Wessner et al. 2012; UN, 2009; OECD, 2015).

Tra questi quattro risultati vi è indubbiamente un legame, che è dato dal ruolo dell'innovazione come uno dei motori dello sviluppo economico (Braconier et al., 2014). Il suo ruolo si snoda in un complesso processo che non va linearmente dal laboratorio al mercato, né coinvolge soltanto gli investimenti in R&S e le nuove tecnologie. Appare piuttosto come il prodotto di un intenso sistema di interazioni, in cui alla politica per l'innovazione viene oggi attribuito il compito di un coordinatore tra i diversi attori e componenti sia orizzontalmente tra settori, sia verticalmente nei rapporti funzionali tra offerta e domanda e tra interventi e risultati. Questa funzione si estrinseca nel facilitare le relazioni tra le diverse parti del sistema, mantenendo allo stesso tempo continuità nell'agire.

In un economia basata sull'imprenditorialità, la politica dell'innovazione dovrebbe pertanto adottare un approccio multidimensionale e multisettoriale, toccando molte aree di *policy*, dalla macro-economia all'industria, servizi, finanza, scienza ed istruzione, occupazione, sviluppo regionale, welfare, sanità e ambiente. È in questa multidimensionalità che si coglie il carattere della politica dell'innovazione come parte integrante della politica industriale.

Sebbene la politica dell'innovazione sia spesso identificata con la politica per R&S è bene tener distinte le due componenti perché la prima riguarda il sistema impresa e la seconda il sistema di istruzione e ricerca, sebbene sia in parte condotta anche tra le imprese. Per innovazione qui si intende essenzialmente il portare le nuove conoscenze verso l'utilizzo da parte dell'impresa in un'applicazione diretta al mercato, o rilevante economicamente (OECD and Eurostat, 2005). Si tratta quindi di un processo che comprende la generazione, diffusione ed applicazione di nuove conoscenze, tanto tecnologiche quanto non tecnologiche. Queste conoscenze possono essere generate tanto all'interno dell'impresa, quanto all'esterno, ad esempio da inventori, centri di ricerca, università, o altre imprese. Possono pertanto derivare da svariate fonti, ma richiedono meccanismi di trasmissione e diffusione perché siano incorporate in applicazioni per il mercato (Robertson et al. 2009; Piore 2009).

Il processo di trasferimento può imboccare strade diverse (OECD, 2015): a) l'investimento in capitale fisico che incorpora nuove conoscenze; b) investimento in capitale intangibile basato sul sapere; c) investimento nella qualificazione del lavoro; e d) incremento dell'efficienza nella combinazione dei fattori produttivi, che è di solito misurata dalla produttività multifattoriale. Queste attività, secondo le analisi dell'OCSE, possono spiegare più di due terzi della crescita reale di un gruppo di 20 paesi sviluppati dell'area OCSE nel periodo 1995-2013. In questo esercizio l'Italia occupa la posizione estrema come il paese in cui si è meno investito in questi fattori e che ha registrato la minore crescita (OECD, 2015).

Diversi ostacoli possono frapporsi ai processi innovativi (tab.1), fornendo ai governi la giustificazione e lo stimolo a intervenire con diverse misure, le quali possono inserirsi nel quadro di una strategia organica, oppure rispondere in maniera frammentaria alle loro percezioni momentanee del problema. In ogni caso, nessuna misura dovrebbe essere presa se il governante non conosce la natura e l'estensione dell'impedimento e il ruolo delle forze di mercato nell'affrontarlo. È evidente, infatti, che in un'economia di mercato concorrenziale, è la concorrenza stessa che dovrebbe spingere le imprese a innovare per vincere sul mercato. Se questo meccanismo non funziona per cause strutturali, o perché i rendimenti dell'investimento sono bassi, o difficili ad essere fatti propri da chi vi investe, o per le difficoltà a finanziare l'investimento in innovazione, o per carenze d'informazione sugli avanzamenti della conoscenza (informazione imperfetta), allora si è in presenza di fallimenti del mercato o mercati incompleti, ed è quindi un caso appropriato per un intervento pubblico (OECD, 2015: Krugman, 1995).

Ma vi è anche un'altra motivazione all'intervento pubblico: la presenza di ricadute esterne dell'innovazione sul *know how* di altre imprese, sulle competenze dei lavoratori (*skills*), sullo sviluppo di nuovi mercati e sulle sinergie con l'economia locale. Le PMI in particolare beneficiano delle ricadute di conoscenza derivate dall'esterno, dall'accesso a reti di imprese e dal sistema d'innovazione nel suo complesso. Per loro è, quindi, cruciale collegarsi o cooperare a livello locale, nazionale e globale con le fonti appropriate di conoscenza presenti nel sistema. La presenza di esternalità può, tuttavia, disincentivare l'impresa dall'avventurarsi in innovazioni radicali, se non riesce a catturarne adeguatamente i benefici, mentre questo stesso fattore rileva per il soggetto pubblico in quanto costituisce motore di sviluppo economico diffuso e di avanzamento nella qualità del lavoro e dell'occupazione.

In questa ottica la politica dell'innovazione è chiamata ad affrontare impedimenti che s'incontrano su cinque fronti: 1) la produzione di nuove conoscenze per applicazioni dirette al mercato, ovvero il lato dell'offerta; 2) la domanda d'innovazione da parte delle imprese, oltre che del soggetto pubblico; 3) i meccanismi di diffusione del sapere tra le imprese; 4) le condizioni di contesto o l'ambiente per innovare; 5) la *governance* della politica per l'innovazione (UN, 2009). Mediante queste categorie, che si fondano sull'esperienza accumulata nei paesi OCSE, è possibile costruire una matrice di fattori, che rappresentano gli indicatori dei punti di debolezza del sistema e che quindi sono in grado di guidare l'azione pubblica e valutarne i risultati nel tempo (tab.1). Da questa matrice si possono ricavare informazioni su quali ostacoli affrontare con priorità, i risultati degli interventi, le lacune rimanenti e i problemi di impostazione ed attuazione delle misure.

Gli impedimenti interessano più le PMI che le grandi imprese, in quanto le prime, specialmente le giovani, non dispongono delle risorse finanziarie ed umane al pari delle seconde, né hanno la capacità di influire sul mercato, o sulle autorità preposte all'intervento di sostegno. L'esperienza di tutti i paesi mostra che l'investimento in innovazione è correlato positivamente con la dimensione dell'impresa, con l'unica eccezione delle giovani, piccole imprese innovative ad alta intensità d'innovazione, le quali in ogni caso necessitano di un sostegno esterno per svilupparsi. Ne discende che la politica dell'innovazione deve concentrarsi particolarmente sui fabbisogni delle PMI, in specie delle imprese giovani (OECD, 2016), ed adattare le modalità dell'intervento alle loro capacità.

La creazione di nuovo sapere richiede un certo impegno in ricerca, sperimentazione, produzione di prototipi, infrastrutture e soprattutto accettazione del rischio di insuccesso. Università e i centri di ricerca sono in prima linea in questa opera, ma soltanto una piccola parte dei loro risultati arriva al mercato. Quindi una delle sfide principali sta proprio nel trasmettere questo patrimonio alle imprese per un'applicazione commerciale, ovvero nel costituire un collegamento stabile tra il mondo della ricerca e quello delle imprese, in specie le PMI. Ma questo non basta, perché un sistema economico può offrire poche opportunità per innovare per un insieme di condizioni legate al contesto (OECD, 2015; Krugman, 1995). Tra queste ultime pesano in particolare le difficoltà ad accedere a fonti di finanziamento che siano appropriate per il profilo di alto rischio che l'innovazione comporta, l'accesso a competenze qualificate tra i lavoratori, la presenza di infrastrutture per formare il lavoro secondo le nuove esigenze, la flessibilità d'impiego del lavoro stesso perché si opera su un terreno esposto ai maggiori rischi dell'innovare, l'accesso all'informazione sul nuovo sapere.

Le carenze o i fallimenti non s'incontrano solo nel contesto, ma nello stesso intervento pubblico (OECD, 2015; UN, 2012 and 2007). È questo il caso di paesi in cui manca una strategia per l'innovazione, o le misure non si fondano su un'analisi adeguata degli ostacoli, o quando le misure di sostegno sono frammentarie, episodiche, in contrasto con altre politiche, lacunose, prive di massa critica, o mal gestite nella fase di attuazione. Non mancano, infatti, gli esempi di misure ben disegnate e programmate, che sono fallite nella fase di attuazione sotto il peso di procedure complesse e pastoie burocratiche, come si è visto in Italia con il programma Industria 2015.

Richiamandosi allo schema concettuale tracciato brevemente, nelle sezioni seguenti si cercherà di analizzare i perché della scarsa innovazione tra le imprese italiane nell'ultimo decennio e i punti deboli più importanti delle politiche per l'innovazione e degli strumenti impiegati. Quindi si farà un sintetico confronto con gli interventi dei paesi più innovativi, e si concluderà identificando, da un lato, le aree di policy su cui occorre concentrare l'attenzione dei *policy makers* e, dall'altro lato, prospettando alcune iniziative o aggiustamenti da adottare alla luce di quanto attuato dai paesi più avanzati.

CAPITOLO 1

LO STATO DELL'INNOVAZIONE TRA LE IMPRESE

Premessa necessaria di ogni politica d'intervento è la identificazione sia delle condizioni in cui versa il sistema impresa in queste attività, sia dei punti critici su cui bisogna intervenire per migliorare la situazione e ridurre il distacco dai maggiori Paesi concorrenti. L'Istat nel suo ultimo Rapporto sull'innovazione tra le imprese (4/12/2014), che copre il triennio 2010-2012, fa una impietosa fotografia dei risultati raggiunti, mostrando modesti miglioramenti in un quinquennio in cui, tuttavia, i vari governi succedutisi hanno ripetutamente enfatizzato l'importanza dell'innovazione come fattore cruciale per il ritorno alla crescita. Ne emerge un quadro molto indicativo delle lacune e delle aree più problematiche (cfr. graf. 2-5).

Solo il 52% delle imprese italiane, escluse le micro, si è impegnata in attività d'innovazione, in lieve aumento (+0,5%) rispetto al triennio 2008-2010, ma con un calo della spesa complessiva e per addetto rispettivamente del 14% e 18%. Si tratta di una quota delle imprese nettamente inferiore a quella registrata in Germania, Canada e Paesi Bassi, ma superiore a quelle della Francia e del Giappone, nostri maggiori concorrenti (OECD, 2011 and 2015). Quasi la metà delle imprese ha innovato sia i prodotti che i processi, mentre più del 26% ha perseguito tutte e quattro le forme di innovazione. L'investimento in innovazione cresce con la dimensione aziendale e diminuisce nel passaggio dal settore "industria in senso stretto" al settore costruzioni e ai servizi. Circa la metà della spesa è stata destinata a R&S, di cui solo il 39% *intra muros*. La restante spesa riguarda l'acquisto di macchinari e tecnologie, ossia innovazione incorporata in prodotti. La modesta quota di investimento in R&S tende ad avvalorare la tesi secondo cui le imprese italiane perseguono l'innovazione con poca ricerca. Questo si addice meno alle seppur poche grandi e medio-grandi imprese, che invece si impegnano maggiormente in questo campo. Anche per l'incidenza dell'investimento in R&S prevale la correlazione diretta con la dimensione aziendale e con il settore industriale in senso stretto. Ma nell'ambito dell'industria sono i comparti più esposti alla concorrenza (chimica, farmaceutica, elettronica, autoveicoli ed altri mezzi) che risultano ancora i più propensi a impegnarsi nella ricerca e sviluppo, mentre i comparti maturi o a grandi economie di scala propendono per la via facile all'innovazione, acquistando le nuove tecnologie già disponibili sul mercato.

L'innovazione nell'economia moderna è il prodotto di un sistema di intense relazioni tra vari attori, che coinvolgono non solo ricercatori, ma una pluralità di soggetti: fornitori, clienti, consulenti, laboratori, partner esteri, università e centri del sapere. L'Italia dispone di tutte queste componenti, ma riesce a far sistema in misura insufficiente. Tale carenza si rivela, tra l'altro, nella scarsa apertura delle imprese (12,5%), con innovazioni di prodotto o processo, alla collaborazione con soggetti esterni, benché tra le grandi imprese l'impegno in tal senso risulti comparativamente maggiore (24%). Ancora, nei comparti più impegnati nella concorrenza sia nell'industria che nei servizi, si nota un'apertura maggiore alle collaborazioni. Su questo aspetto influisce anche il modello di specializzazione prevalente nel sistema produttivo. In settori tradizionali, specialmente se si gode di posizioni di nicchia oligopolistiche, tende a prevalere la spinta all'innovazione non fondata sulla ricerca propria.

In questa luce si potrebbe anche interpretare il dato secondo cui per oltre la metà delle imprese innovatrici di prodotto o processo, la scelta d'innovare è spiegata principalmente con l'esigenza di ridurre i costi operativi, mentre per un terzo di queste imprese è importante per accrescere la flessibilità operativa, o sviluppare nuovi tipi di prodotti, oppure nuovi mercati. Quest'ultima esigenza è più avvertita nell'industria che nei servizi, settore che sembra più interessato all'innovazione di prodotto. La dimensione aziendale in ogni caso ha un peso notevole nel tipo di strategia dell'innovazione: le grandi imprese perseguono, infatti, strategie più complesse, che coinvolgono una pluralità di forme di ricerca, sviluppo e innovazione (RSI).

Nonostante i vari sostegni governativi all'innovazione, le risultanze numeriche, chiaramente insoddisfacenti, confermano la persistenza nel tempo degli ostacoli all'innovazione, che sono stati rilevati dall'OECD da ultimo nel 2010. Allora come oggi gli elevati costi dell'innovazione rappresentano l'ostacolo più grave per tutte le imprese, e la carenza di finanziamenti il secondo impedimento in ordine di importanza, ma solo per le PMI.

Nel 2014, secondo l'indagine dell'Istat, la forte concorrenza di prezzo permane come la preoccupazione principale di tutte le imprese innovatrici, seguita per intensità dall'insufficienza di domanda e dagli oneri amministrativi e burocratici. Ma nei comparti più innovativi, sono l'innovazione dei concorrenti sul mercato e i costi di accesso a nuovi mercati a preoccupare e conseguentemente a spronare all'innovazione.

Di rilevante implicazione è la constatazione che solo il 21% delle imprese innovatrici esaminate nell'indagine Istat ha dichiarato di aver beneficiato di un sostegno pubblico e che per tre quarti di esse questo sia derivato principalmente dalle autorità regionali o locali. Il sostegno sembra esser andato alle grandi imprese (36%) più che alle PMI (19%), un risultato che è confermato anche in termini di importo del sostegno, come si vedrà in seguito.

Alla minore incidenza dell'aiuto pubblico alle PMI può aver contribuito la loro comparativamente minor domanda di innovazione, dovuta ai fattori richiamati precedentemente nell'indagine Istat, ma un peso ha probabilmente avuto la scarsa conoscenza di questi strumenti di sostegno da parte delle PMI. Secondo il Rapporto SBA 2015 del MiSE, una percentuale che va dalla metà al 75% delle PMI ignora l'esistenza delle varie agevolazioni statali e meno del 10% conosce i meccanismi di agevolazione.

Questi dati appaiono in linea con i risultati ancor più sorprendenti dell'indagine europea sull'innovazione, *EU Innobarometer*

2014, solo una quota minore (10% circa) delle PMI in Europa ha ricevuto aiuti pubblici per l'innovazione e più dei due terzi dei beneficiari non considera l'aiuto importante per l'attività svolta.

Questi risultati dovrebbero indurre i governanti a riflettere su quali siano gli strumenti più appropriati per sostenere questa attività, distinguendo tra categorie di imprese e tipi di R&I, e puntando molto di più che nel passato sulla diffusione della conoscenza e sui servizi alle imprese per aiutarle ad innovare. In altri termini, il parametro finanziario non basta a misurare la rilevanza e l'incidenza del sostegno.

CAPITOLO 2

I NODI DELL'INNOVAZIONE
TRA LE IMPRESE

Nel complesso, i dati dell'Istat e varie indagini fanno stato di un insieme di criticità, le quali dovrebbero essere al centro dell'attenzione nel disegnare una politica d'intervento per l'innovazione. In primo luogo, occorre porre rimedio al pesante condizionamento derivante dalla relativamente piccola dimensione di gran parte del sistema delle imprese, dimensione che pesa specialmente sulle giovani imprese con pochi anni di esistenza (graf. 2-5). Per superare tale limite non è realistico pensare che si possa puntare soltanto sulla crescita della loro dimensione media, perché questa è il prodotto di tanti fattori e un suo accrescimento richiede tempi lunghi e modifiche profonde nel modello di specializzazione produttiva. La strada da percorrere sembra piuttosto quella di compensare il limite dimensionale con incentivi su più fronti, ovvero le aggregazioni in reti di imprese innovative, l'agevolazione nel reperimento delle risorse finanziarie, la facilitazione nella formazione delle competenze appropriate e nell'innalzamento qualitativo delle risorse umane da tempo in azienda, l'offerta di servizi di assistenza e di informazione mirati ai bisogni specifici della PMI, lo stimolo a ricorrere ai centri del sapere (Università, centri di ricerca ed informazione) ed agevolazioni per l'accesso ai mercati. Lo stesso approccio si richiede per sostenere le giovani imprese a rapida espansione, che si dimostrano le più dinamiche nel generare occupazione ed innovazione (Criscuolo et al. 2009), ma che incontrano gli ostacoli dovuti alla loro inerente rischiosità e alla difficoltà di attrarre finanziamenti.

Il secondo maggior problema sta dal lato della domanda di innovazione delle imprese, domanda che continua a essere carente negli anni. La conferma si ha anche da un'indagine RIDITT del 2010 tra gli *spin-off* dei centri pubblici di ricerca: il 60% è a favore di un intervento sulla domanda di beni e servizi innovativi. Inoltre, il 77% preferisce un meccanismo automatico di aiuto sul piano della fiscalità. Se la maggioranza delle imprese è formata da PMI che presentano generalmente scarsa propensione all'innovazione, è necessario concentrare i maggiori stimoli su queste, perché ne discenderà maggior produttività e competitività per tutto il sistema. In questo senso non basta accentuare la concorrenza, in quanto molte PMI operano su mercati locali poco esposti ai concorrenti. Occorrono misure "pro-attive", che in qualche misura inducano le PMI a innovare, ad adottare tecniche più moderne ed efficienti, a sostenere meglio la concorrenza su mercati più estesi di quelli locali o nazionali, e a richiedere l'apporto del sapere di università e centri di ricerca. La regolamentazione pubblica e più avanzati standard di settore possono servire a questo scopo, al pari del ruolo del soggetto pubblico come committente di prodotti o processi innovativi. Tuttavia, è anche necessario migliorare la capacità delle PMI di assorbire l'innovazione: laddove il livello di formazione delle maestranze è relativamente basso e la preparazione del *management* carente è ben difficile che l'impresa possa fare un uso adeguato dell'innovazione, anche se venisse messa a sua disposizione facilmente.

Per le imprese medio-grandi, la sfida principale invece sta nel superare una certa inerzia di sistema, nell'abbandonare gli approcci consueti nel produrre, fare marketing e gestire. La specializzazione nei settori a tecnologia medio-bassa e le rigidità nell'orientamento verso le tecnologie esistenti piuttosto che verso le nuove frena il rinnovamento e pregiudica la competitività nel tempo. Nella doppia recessione dal 2009 al 2014 si è manifestata una crescente polarizzazione nel sistema industriale tra un gruppo di medie imprese capaci di innovare e competere sui mercati interni ed esteri, e una maggioranza scarsamente impegnata in queste attività (Istat). Mentre il primo gruppo non ha conosciuto crolli di fatturato, né difficoltà ad esportare ed a finanziarsi, la maggioranza ha subito in pieno l'impatto della recessione.

Dal lato dell'offerta il nodo principale sta nella scarsa propensione delle università e centri di ricerca a mettere le loro capacità di R&I e conoscenze al servizio del mercato. Meno del 30% delle grandi imprese e 5% delle PMI ha attinto alla ricerca di queste istituzioni (OECD STI Scoreboard 2011). Le ricadute imprenditoriali della ricerca presso le università italiane risultano esigue nel raffronto con i Paesi leader nell'innovazione, USA e Germania.

Problemi di diffusione dell'innovazione sono altresì evidenti tra le imprese, con particolare riguardo alle PMI. Secondo l'indagine *EU Innovation Union Scoreboard 2015*, solo il 4,8% delle PMI innovative collabora con altre, contro l'11,5% in Germania e Francia, 22,4% in UK e oltre il 14 % in Finlandia e Olanda. La scarsa propensione a collaborare si riflette in carenze di informazioni essenziali sulle nuove tecniche atte a migliorare la competitività, le linee di prodotto, l'efficienza di costo. Rende, inoltre, poco diffusa la partecipazione a reti d'innovazione, nonostante lo sviluppo col sostegno pubblico di incubatori, parchi tecnologici ed acceleratori di sviluppo. Oltre alla collaborazione, il trasferimento di conoscenze tecnologiche ed innovative al gran numero di PMI è condizionato dalla scarsità di enti specializzati in questa azione, nonché dalla loro capacità di raggiungere le regioni meno sviluppate. Anche questo fattore ha contribuito al crescente divario tra Nord e Sud nell'investire in RSI.

A livello nazionale un divario altrettanto importante permane tra l'Italia e i maggiori partner nell'UE in termini di investimento delle imprese in R&I. In rapporto al PIL le imprese italiane nel 2014 vi hanno destinato l' 1,24%, a fronte del 3,34% in Germania, 1,81% in Francia, 1,35 in UK, 2,98% della Svezia e 1,98 nella media dell'UE28. Né a compensare questo distacco è bastata la spesa pubblica nel settore, perché le distanze permangono, seppure meno grandi. Come nel passato, il nodo delle risorse interessa tanto il settore privato quanto quello pubblico, perché in entrambi gli investimenti in R&S sono inferiori all'impegno dei maggiori partner nell'UE, ma la spesa delle imprese in R&S supera ormai quella del pubblico (0,67 contro 0,54% PIL nel 2014) (tab. 5-6).

Tra le <u>condizioni di contesto</u> (OECD, 2015) necessarie per assecondare l'innovazione tra le imprese, i nodi maggiori s'incontrano nel finanziamento degli investimenti (OECD, 2016), nella carenza di un'ampia domanda di prodotti innovativi o high-tech, nella disponibilità di risorse umane con competenze adeguate, e nella cultura o atteggiamento della società verso il cambiamento, il rischio d'impresa, l'imprenditorialità. Sul piano finanziario, la ristrettezza del credito nel periodo di recessione e la debolezza dei mercati del capitale di rischio hanno reso più ardua l'attività. Il contributo del *venture capital*, della raccolta azionaria e degli strumenti finanziari alternativi al credito bancario pone il Paese in coda ai maggiori partner, con in particolare un decremento del *venture capital* nel periodo in esame (OECD, 2016).

Quanto alla dotazione di *skills*, gli indicatori dello *EU Innovation Scoreboard 2015* registrano un miglioramento, ma insufficiente ad allineare l'Italia con gli altri Paesi. In termini di nuovi dottorati, istruzione terziaria e completamento dell'istruzione secondaria in rapporto alla popolazione di riferimento la dotazione italiana non raggiunge ancora i livelli dei Paesi concorrenti. Lo stesso distacco si rileva nei risultati dei test dell'OCSE sulle competenze dei lavoratori adulti (Indagine OECD-PIACC, 2014) e nell'incidenza di specialisti nelle ICT rispetto agli addetti nelle imprese (2,5% contro 3,5% nella media UE e 6,5% in Finlandia (Indagine Eurostat, 2015). Nonostante ciò, le imprese italiane investono meno delle consorelle dei Paesi del G7 nella formazione su base aziendale (OECD, 2014).

Una debolezza si riscontra anche nella capacità progettuale di R&I di molte imprese, come mostrano i risultati delle gare per assegnare i fondi europei per la ricerca sia nel VII Programma quadro 2007-2013, sia nel più recente programma Horizon 2020. L'Italia si colloca nelle posizioni basse della classifica per tasso di accoglimento dei progetti presentati col 18,3%, ben lontano dal 25,1% della Francia e del 24,1 della Germania, ma pure dai Paesi Bassi col 25,5% e da tutti i Paesi del Nord-Europa (EC, 2014 and 2015; EU, Innovation Scoreboard, 2015 and 2010).

Dal lato della cultura dell'imprenditoria innovativa, secondo l'indagine dell'OECD *"Entrepreneurship at a Glance 2015"*, l'iniziativa imprenditoriale gode di una buona fama tra la popolazione in misura maggiore che in diversi Paesi dell'OCSE, ma la valutazione della presenza di opportunità per avviare un business appaiono meno estese, mentre più intensi sono il timore di fallire e l'avversione al rischio. Questi indicatori sembrano in linea con la modesta propensione ad innovare e le sue motivazioni, che prevalgono tra le PMI, come accennato in precedenza.

Un peso notevole ha anche la pubblica amministrazione, con la complessità delle procedure amministrative, la lentezza nell'erogazione degli aiuti, la scarsità crescente di risorse, e l'opacità dei meccanismi di selezione dei progetti da sostenere.

In conclusione, le criticità che le imprese italiane incontrano nei percorsi verso la R&I sono presenti su tutti i fronti lungo i quali si snodano le dinamiche innovative (tab.1), criticità che non hanno carattere di novità, dato che si ritrovano anche nelle indagini condotte nei periodi precedenti. Sono tuttavia visibili miglioramenti nei risultati, nonostante la grave recessione economica ancora in via di superamento, ma al di sotto delle aspettative in rapporto all'impegno dei governi nel promuovere queste attività. Su questo quadro possono aver influito tra l'altro le discontinuità nel sostegno pubblico, che generano incertezze nelle decisioni d'investire, e le complessità e lungaggini burocratiche ed amministrative, che smorzano l'efficacia dell'aiuto. Nel 2014, in particolare, la performance innovativa misurata secondo gli indicatori dell' *EU Innovation Scoreboard* ha subito un peggioramento proprio nella dimensione del finanziamento sia privato che pubblico. Le agevolazioni erogate hanno raggiunto, infatti, un picco all'inizio della recessione, nel 2009, per scendere significativamente negli anni successivi (tab. 7 e 10; graf. 6, 9 e 10).

CAPITOLO 3

LA POLITICA PER L'INNOVAZIONE DAL 2010

L'esistenza di carenze ad ampio raggio avrebbe dovuto sollecitare i governanti a impostare una politica organica per la R&I
e quindi attuare una strategia ben coordinata e sinergica sui tanti
fronti del problema. In realtà solo nel 2014 e ancor più nel 2016
sono stati presentati programmi organici che intendono coprire
sia la ricerca per sé, sia l'innovazione nelle imprese, mentre nei
programmi precedenti l'enfasi era posta soprattutto sulla ricerca
negli enti pubblici, ovvero sullo sviluppo dell'offerta di nuova
conoscenza. I "Programma Nazionale per la Ricerca" (PNR) del
2014 e del 2016 adottano un approccio olistico soprattutto sotto l'impulso proveniente dal programma europeo *Horizon 2020*,
che propugna questa impostazione e che è chiamato a partecipare
al cofinanziamento delle misure nazionali (MIUR, 2014 e 2016;
Montanaro, 2014).

Basandosi sulla constatazione delle criticità del sistema d'innovazione, che risultano coerenti con l'analisi precedente, il PNR
2014 propone un insieme di interventi mirati, che fanno perno
sulle tecnologie abilitanti, sui nuovi prodotti e servizi e sulla maggiore qualificazione e rinnovo del capitale umano attraverso una
formazione "intelligente". La strategia ruota attorno alla selezione
di 11 progetti prioritari per lo sviluppo della società ed alla concentrazione del supporto pubblico su questi assi. Con un impegno
programmatico di € 900 milioni all'anno, il PNR concentra la sua
azione su nove fattori abilitanti, che riguardano il potenziamento
del capitale umano rappresentato dai ricercatori, i progetti ad alto
impatto, le grandi infrastrutture di ricerca, gli strumenti finanziari,
e le imprese innovative. A questi fini individua un insieme di strumenti d'intervento, definendo i meccanismi di finanziamento e le
risorse in una dimensione settennale (dal 2014 al 2020) più lunga

dei precedenti programmi triennali.

Il più significativo elemento di discontinuità con le passate politiche sta nel sistema di *policy governance* che propone di instaurare, il quale consiste in una specie di "governo unico trasversale", che coinvolge tutti i ministeri rilevanti, dal MiSE alla Difesa, i maggiori enti pubblici di ricerca, quelli interessati alla ricerca, ed i governi regionali per dare organicità al disegno di *policy* e mobilitare il massimo delle risorse raggiungibili sia all'interno che presso l'UE.

In questa visione, il PNR riconosce che l'inefficacia dei PNR precedenti non è dovuta soltanto alla scarsa capacità di orientare le attività di R&I nella direzione più appropriata per lo sviluppo economico-sociale del Paese, nonché alla difficoltà di concentrare gli interventi sui "driver" dello sviluppo. Un peso notevole ha avuto anche la debole *"policy governance"*, che non è riuscita a superare la frammentazione delle competenze, le duplicazioni delle misure, e la scarsa trasparenza nelle fasi di attuazione, controllo ed eventualmente reindirizzo.

In realtà, uno dei difetti più rilevanti delle politiche degli anni precedenti risiede proprio nella guida e nel monitoraggio della politica dell'innovazione nella sua articolazione orizzontale, tra le diverse componenti dell'amministrazione centrale, e verticalmente, tra i diversi livelli di governo che detengono tutti competenze sulla materia. L'analisi degli interventi mostra, in particolare, una considerevole frammentazione delle misure, un limitato coordinamento, dato che ha interessato soprattutto il MIUR e il MiSE, una duplicazione di azioni fra centro e periferia, una carenza di coerenza e sinergie, ed un'inadeguata attenzione della macchina amministrativa al raggiungimento dei risultati obiettivo e non semplicemente al rispetto delle procedure.

Ne è derivata negli anni una molteplicità di misure, che riscuotevano sempre l'appoggio politico in nome dell'importanza dell'innovazione per l'avanzamento del Paese, ma una molteplicità che non rispondeva a un disegno unitario, priva di analisi di coerenza e sinergia, e senza adeguati riscontri periodici sulla loro efficacia sul campo (cfr. tab 2-3).

Nel tentativo di superare queste debolezze, il PNR 2014 prospetta un coordinamento "leggero", che si fonda su 3 componenti: 1) la partecipazione dei diversi soggetti di governo alla definizione dell'indirizzo del programma; 2) la costituzione di Comitati di programma (CP) con rappresentati di tutti i soggetti competenti, con il compito di tracciare le misure in dettaglio e seguirne l'attuazione; e 3) un Organismo informale di coordinamento tra i presidenti dei CP per verificare la coerenza delle misure con l'indirizzo strategico.

Effettivamente i diversi soggetti interessati hanno preso parte all'impostazione del piano apportando ciascuno le proprie proposte di intervento, ma non è evidente quanto pervasivi siano la verifica di coerenza, il coordinamento delle azioni e la verifica dell'attuazione. Non si hanno, inoltre, elementi per stabilire l'operatività ed efficacia dei Comitati di Programma e del loro coordinamento. In ogni caso, il metodo scelto del coordinamento "leggero" non sembra affatto coerente con l'esigenza di fare un uso più efficace delle limitate risorse disponibili attraverso il superamento della polverizzazione degli interventi.

Anche altri aspetti destano dubbi sulla completezza della strategia e sulla sua capacità d'impatto sullo sviluppo economico. Il PNR è tutto incentrato sulla ricerca per soddisfare i bisogni della società, lasciando in secondo piano l'impresa e la rivoluzione industriale in atto, che comporta già cambiamenti profondi nel modello d'impresa e nella competitività dei sistemi di impresa. Le nuove tecnologie stanno trasformando tanto il modo di ideare e produrre per il mercato, quanto quello di penetrare nei mercati globali e di organizzare l'impresa.

In un simile contesto, non sembra che il PNR affronti diversi problemi dell'innovazione tra le imprese. In particolare, non si tocca il problema di come avvicinare la PMI alla R&I, né dei modi con cui diffondere le nuove tecniche ad ampio raggio nel mondo produttivo, riqualificare il capitale umano in funzione delle esigenze nuove del produrre e vendere, aprire nuovi canali per finanziare il rinnovamento del sistema impresa, snellire le procedure e i tempi del sostegno pubblico, e creare spazi all'interno dell'impresa per la sperimentazione di nuovi approcci, prodotti, o tecniche. Indubbiamente si tratta di aspetti distanti dalle logiche di un Ministero che si occupa solo di istruzione e ricerca nei laboratori ed università. Nondimeno, sono aspetti importanti in una strategia dell'innovazione, perché ne condizionano pesantemente le probabilità di successo.

L'incompletezza della strategia per la parte d'innovazione si riscontra anche nel non aver quantificato tutti i traguardi da raggiungere in termini di risultati; è invece positivo che si siano definite le risorse finanziarie da impegnare per ogni misura. Ma come si può misurare il progredire nell'attuazione del programma e il grado di impatto se per diverse azioni non si fissano con precisione le mete? La strategia, a differenza della politica pluriennale, serve proprio a questo scopo: fissare traguardi, precisare gli strumenti, segnare periodiche verifiche per i necessari aggiustamenti in itinere. Molto del successo dipenderà dagli strumenti impiegati e dalla loro effettiva gestione. In questo campo l'esperienza di questo decennio dovrebbe soccorrere nel senso di aiutare ad evitare i difetti del passato.

Pur senza una strategia ben definita ed organica, il Governo ha adottato nel triennio 2013-2015 una serie di misure che rispondono all'obiettivo dell'innovazione in una logica più ampia. La sua azione si sta sviluppando lungo tre direttrici: 1) stimolare gli investimenti, e segnatamente quelli in RSI; 2) rinnovare la finanza d'azienda oltre il canale bancario; 3) potenziare la proiezione internazionale delle PMI.

La discriminante dell'innovazione non sempre rileva per ottenere il sostegno pubblico, ma l'aver affrontato un ampio raggio di criticità dovrebbe avere ricadute positive per l'espansione di RSI.

Due anni dopo il PNR 2014, nel maggio 2016, il Governo sente il bisogno di lanciare un nuovo PNR che copre in gran parte lo stesso periodo 2015-2020 e si rivolge anche alle imprese, seppure con un obiettivo di ricerca più che di innovazione diffusa tra le stesse (MIUR, 2016). Nonostante le risorse pubbliche siano scese da una media di circa € 900 milioni all'anno a € 800 milioni per il primo triennio (€ 2,4 miliardi in totale), il programma segna un miglioramento rispetto al precedente in termini di precisazione di priorità, risorse per il triennio, linee di intervento, e strumenti, di concentrazione in programmi di azione (6 programmi funzionali) e di indicazione delle aree di specializzazione per la ricerca applicata (12 aree). In particolare, mira ad affrontare diversi difetti tra quelli qui individuati, enfatizzando l'investimento nel capitale umano e il collegamento tra ricerca ed impresa. Apprezzabile è il riconoscimento che il Paese investe in R&I meno dei partner, che la dotazione di ricercatori è inferiore, che la ricerca applicata è fattore di competitività, che la semplificazione degli interventi e la loro valutazione sono essenziali, che occorre superare la frammentazione degli interventi e che la *governance* del sistema di ricerca richiede interventi più ampi di quelli indicati.

Dai dati menzionati nel PNR, emerge significativamente che, rispetto al VI Programma Quadro UE in vigore negli anni precedenti, si è ridotta la quota di finanziamenti per la ricerca nelle PMI, esattamente il comparto in cui maggiormente si avverte il bisogno di investire per elevare produttività e crescita del Paese. Altrettanto significativo che nei settori di punta, quali le nanotecnologie, l'aerospazio e l'energia, il maggior grado di successo ottenuto nei bandi europei veda il coinvolgimento preminente del settore privato, quindi ad indicare che bisogna puntare più che nel passato nel ruolo guida delle imprese. Appaiono altresì evidenti tanto le difficoltà nell'acquisire una quota di finanziamenti europei per il programma *Horizon 2020* che sia in linea con la quota di PIL italiano nell'ambito comunitario, quanto le carenze esistenti nel coordinamento tra i diversi attori del sistema.

Il nuovo PNR affronta tali debolezze con diverse misure: a) concentrando le risorse sulla alta formazione *(formal training)* mediante le istituzioni d'insegnamento avanzato; b) mirando alla contaminazione delle imprese con personale altamente qualificato e sostenendo la collaborazione imprese-università con sbocchi di lavoro nelle imprese; c) rivalutando il ruolo della domanda pubblica d'innovazione *(pre-commercial procurement)*; d) assegnando un ruolo ai Clusters Tecnologici (8 già costituiti e 4 nuovi) come piattaforma al tempo stesso di dialogo con tutti gli attori pubblici e privati (incluse regioni ed imprese), di determinazione d'indirizzi, programmazione per grandi linee e coordinamento leggero su specifiche aree di specializzazione; e) prefigurando una nuova *governance* da costruire, in cui il ruolo centrale di coordinamento sarebbe affidato a un costituendo Comitato di Indirizzo e Governo del PNR, coordinato dal MIUR, a cui partecipano tutti i soggetti del sistema di R&I, e che è affiancato da altri corpi intermedi, come il nuovo organismo di Coordinamento della Rappresentanza Nazionale nella programmazione della politica della ricerca europea.

Se con il nuovo approccio si intendono approntare soluzioni ai problemi evidenziati, restano tuttavia diverse manchevolezze in rapporto all'obiettivo di sollecitare l'innovazione tra le imprese, e al tempo stesso permane molta incertezza sui modi di attuazione del Piano, che sono in definitiva il punto di verifica della sua efficacia. Tra le carenze, non si potenziano i servizi alle imprese per l'innovazione, né si parla di incubatori o acceleratori d'impresa, né di consulenti e formazione per gli imprenditori stessi, mentre si guarda solo al capitale umano dei ricercatori in un'ottica prevalentemente tecnologica, o culturale e sociale. Ma la maggioranza delle imprese per innovare ha bisogno di servizi su misura, ovvero di esperti che si confrontino con l'arretratezza delle PMI, propongano e sollecitino avanzamenti e seguano la loro attuazione. La formazione cosiddetta "informale" (OECD, 27/2/2014), che è particolarmente utile perché avviene, dentro o fuori l'azienda, su iniziativa delle imprese per le sue specifiche esigenze di competenze, non è invece menzionata. Altri Paesi, come Singapore, offrono e finanziano giovani esperti perché per un periodo di qualche anno aiutino le PMI ad elevare produttività e competitività con innovazioni tecnologiche e non-tecnologiche.

Mancano anche meccanismi validi per la disseminazione e

diffusione dell'innovazione tra le imprese, e resta inadeguato il coordinamento delle misure e degli attori. Di fronte alla endemica, grande frammentazione di indirizzi e misure, si richiede un coordinamento "forte" piuttosto che "leggero" nel sistema di *governance*, come pure una maggiore concentrazione delle risorse su pochi strumenti, ponendo fine alla polverizzazione degli interventi. È proprio la compartecipazione di tutti gli attori pubblici ai nuovi organi di coordinamento che giustifica il passaggio a una *governance* più compatta. La semplificazione di strumenti e procedure, d'altronde, appare come una esigenza riconosciuta, ma non affrontata concretamente. Parimenti, la valutazione dei risultati e dell'impatto delle misure è descritto come obiettivo ma non come metodo definito nelle sue modalità di attuazione. Ne discende notevole incertezza sui risultati raggiungibili mediante il Piano per la parte d'innovazione tra le imprese e quindi la necessità di affiancare al Piano una strategia ed interventi focalizzati sulle PMI.

CAPITOLO 4

GLI STRUMENTI PUBBLICI D'INTERVENTO

La gamma degli strumenti messi in campo è molto ampia, come si rileva dalle tab. 2 e 3, spaziando dai grandi progetti d'innovazione industriale alla promozione delle start-up innovative, alla detassazione dei rendimenti delle opere d'ingegno, ovvero brevetti, marchi, disegni, al sostegno alle PMI innovative, alle agevolazioni per il finanziamento privato della RSI, al miglioramento dell'ambiente per l'innovazione.

Tra gli strumenti possono annoverarsi in qualche misura i 23 enti pubblici di ricerca scientifica attualmente in funzione, che tuttavia svolgono attività prevalentemente di ricerca senza compiti di trasferimento di conoscenza alle imprese per le loro innovazioni. Queste sono coinvolte da questi enti soltanto per contribuire alla produzione di nuovi prodotti ad avanzato contenuto tecnologico, come è il caso dell'ASI e dell'ENEA. Nondimeno, un trasferimento tecnologico avviene in alcuni casi.

Altrettanto varie sono le forme dell'intervento statale (tab. 3): contributi a fondo perduto in conto capitale, partecipazioni azionarie attraverso Fondi d'investimento pubblici e privati, finanziamenti agevolati, contributi in conto interesse, contributi misti (in c/capitale ed interessi), crediti d'imposta a fronte di investimenti, agevolazioni e semplificazioni fiscali, garanzie su prestiti bancari, facilitazioni per l'accesso al credito e ai mercati finanziari, voucher per l'innovazione, incubatori d'impresa e parchi tecnologici. A queste vanno aggiunti interventi sulle condizioni di contesto, quali lo snellimento delle procedure per la costituzione d'imprese, la riforma del fallimento e delle procedure esecutive, il supporto alla creazione della banda ultralarga, infrastrutture per la ricerca e l'alta formazione, la nuova flessibilità del mercato del lavoro, la disciplina delle nuove forme di raccolta di capitali *(crowdfun-*

ding), la proposta di legge per accrescere la concorrenza sui mercati, i visti d'ingresso per i ricercatori, i "Contamination Lab", i "Clusters Tecnologici", i "Living Labs", i "Dottori Startupper", etc.. Anche le poche grandi società sotto il controllo pubblico e l'Istituto Italiano di Tecnologia sono strumenti per portare avanti ricerca ed innovazione. L'intervento delle Regioni presenta, invece, uno spettro più ristretto, in quanto si concentra su contributi a fondo perduto e finanziamenti agevolati.

Una scelta razionale degli strumenti deve tener conto della loro rispondenza allo specifico obiettivo da raggiungere, perché il grado di sostituibilità tra i medesimi non è elevato. La prima scelta da fare è tra aiuti diretti (*grants:* finanziamenti a fondo perduto) e benefici fiscali, dato che i primi sono appropriati per innovazioni (o imprese) ad alto rischio che non sono finanziate dal mercato (ad es., le start-up innovative), o innovazioni con ritorni per la società o ricadute sul sistema molto più alti che per l'impresa privata, e possono essere erogati su basi selettive. I secondi, invece, sono tendenzialmente meno selettivi, si addicono ad imprese con consistenti flussi di reddito già acquisiti (non le start-up) e comportano minori costi di gestione (OECD, 2016). I crediti d'imposta hanno tuttavia l'inconveniente dell'incertezza riguardo all'onere che ricadrà ex-post sulla finanza pubblica. Un'altra forma di aiuto sta nella domanda pubblica d'innovazione, specialmente per dare avvio a un nuovo prodotto per il mercato.

La scelta riguarda pure se agevolare gli input per l'innovazione, quali la spesa per ricercatori, infrastrutture, o investimenti fissi, oppure il risultato dell'innovazione, per esempio i redditi generati da un prodotto innovativo, i brevetti, i marchi, i disegni, etc.. Di riflesso, altre alternative: se concentrare gli aiuti sullo sviluppo delle competenze umane o sui beni capitali, se prendere in considerazione il volume di spesa per R&I nelle imprese o l'incremento rispetto al passato, se rendere l'incentivo temporaneo o di lungo periodo, se rimborsare il credito d'imposta inutilizzato o no, se limitarlo alle PMI o estenderlo a tutte le imprese. È la combinazione di queste opzioni che determina il livello di efficacia della politica rispetto ai suoi obiettivi. I Paesi dell'OECD hanno seguito strade diverse nelle politiche d'incentivazione per rispondere alle diverse condizioni dei loro sistemi d'imprese, ma dal 2010 si è registrato uno spostamento verso gli incentivi fiscali per la maggioranza dei Paesi, con l'eccezione di Italia, Messico e Nuova Zelanda.

In Italia l'intensità d'impiego dei diversi strumenti è cambiata nell'ultimo quinquennio sia nella destinazione, sia nella tipologia. Il maggior numero di incentivi riguarda la formazione di conoscenza e di competenze, ovvero la ricerca nelle università, nei centri di ricerca pubblici e nelle imprese, mentre la domanda di R&I e, in ordine di grandezza, la diffusione del nuovo sapere hanno ricevuto minore sostegno. Tuttavia, l'intervento ha dato progressivamente più peso, benché in misura modesta, a queste ultime due destinazioni, nonché al miglioramento del contesto, l'ecosistema. La logica di fondo è spostarsi su interventi di tipo orizzontale a beneficio di tutti i settori, limitando al tempo stesso quelli a carattere verticale diretti su singoli comparti o gruppi di imprese. Si veda la tabella 12.

Nello stesso periodo, il sostegno pubblico a R&S è risultato tra i più bassi nell'area OECD (graf. 6-10) e lo stesso può dirsi per l'incentivo fiscale disponibile al 2015. Nel contempo, la spesa per RSI delle imprese ha sopravanzato quella pubblica, con una crescita media annua tra il 2006 e il 2013 del 3,4%, che è più rapida che in Germania (2,1%) Francia (1,6%), UK (0,4%) e della media UE28 (1,9%) (tab. 5, graf. 10). Tra gli interventi pubblici, quelli delle Regioni hanno superato quelli statali, ridotti dal 2008 fino al 2012 e in tenue ripresa nel 2013 (graf. 11-14; tab. 6-11; 13-14). Complessivamente nella seconda fase della recessione dal 2011 al 2013 si è assottigliato l'impegno finanziario pubblico rispetto alla prima fase 2008-2010, mostrando che anche l'investimento più produttivo per il futuro sviluppo economico, ossia quello per RSI, ha fatto le spese delle manovre governative per ridurre il deficit di bilancio.

Quanto alla tipologia (tab. 8) la preferenza crescente del governo centrale per il finanziamento rimborsabile, l'alleggerimento del peso degli interessi e il credito d'imposta a scapito dei contributi a fondo perduto vanno visti positivamente nell'ottica di responsabilizzare maggiormente gli innovatori nel successo delle loro iniziative. Ma vi sono anche controindicazioni. Il ricorso al credito di imposta commisurato alla parte incrementale piuttosto che sul volume dell'investimento in R&I rispetto alla media del triennio precedente ha scarsa capacità di stimolo in un periodo di recessione economica, quale la prima metà del decennio in corso, in quanto le imprese non progettano significativi piani d'investimento a fronte di una domanda di mercato cedente. In specie, per le nuove piccole imprese, le start-up innovative, lo strumento è poco appropriato, perché sono caratterizzate da una carenza di capitale proprio e da una redditività differita nel tempo. Per bilanciare il mix di strumenti sono stati introdotte anche misure per la partecipazione pubblica nel capitale di rischio per il tramite di fondi d'investimento (e fondo dei fondi) a gestione privata. Ma i due terzi degli aiuti statali sono stati concessi sotto forma di contributo misto con una piccola quota di risorse a fondo perduto *(grants)*, mentre quelli regionali sono più bilanciati tra aiuti in c/ capitale e finanziamenti agevolati.

Distorsioni o carenze di impatto sono possibili per effetto di altre caratteristiche degli strumenti impiegati. La durata temporanea degli incentivi fiscali induce a distorcere la pianificazione temporale degli investimenti in R&I, facendo privilegiare quelli che hanno un ritorno a breve scadenza. L'incentivo sul reddito dei *patent box* favorisce le grandi imprese che hanno un portafogli di brevetti e quelle che hanno successo nell'innovazione, con l'effetto di non aiutare a realizzare i progetti più rischiosi, che il mercato tende a non finanziare. La mancata preferenza per gli incentivi alle PMI, inoltre, non ha permesso di esaltare lo stimolo per la maggioranza arretrata delle imprese. La complessità delle procedure per ottenere l'incentivo selettivo ha posto le piccole e giovani imprese in una situazione di svantaggio. La Francia nel 2008 e l'Irlanda nel 2010 hanno tagliato nettamente queste complessità a favore di incentivi semplici e generosi basati sul volume d'investimento.

L'enfasi sul sostegno alla produzione di ricerca più che alla promozione della domanda da parte delle imprese che vi investono meno si è riflessa sulla sua distribuzione tra le diverse imprese. La maggioranza degli interventi statali è andata alle grandi imprese, che avendo la capacità di sostenere strutture di ricerca, sono state in grado di presentare il maggiore volume di progetti validi. Al contrario, tra le regioni prevale la destinazione alle PMI.

Gli effetti si avvertono anche nella distribuzione territoriale degli aiuti a RSI: questi si sono indirizzati più verso le Regioni del nord e del centro che verso le altre. In particolare Umbria, Piemonte, Veneto, Toscana, Marche e Lazio hanno ricevuto più della media, con un netto distacco da tutte le regioni meridionali che si collocano sotto la media. Gli aiuti regionali si sono invece distribuiti più uniformemente attorno alla media, con punte verso l'alto solo per Campania, Umbria e Marche.

Tra le varie attività il più consistente supporto nel periodo 2008-13 è affluito ai progetti d'innovazione industriale (ex Fondo Innovazione Tecnologica), seguito dalle agevolazioni alla ricerca, ma più recentemente sono aumentate le concessioni di aiuti per la industrializzazione dei programmi di ricerca. Nel 2014 le nuove misure varate dal Governo puntano maggiormente sul potenziamento del fattore umano declinato in diverse forme, incentivando l'assunzione nelle imprese di ricercatori tecnico-scientifici, i dottorati industriali, la mobilità dei ricercatori, i laureati in ogni PMI e i gruppi di ricerca.

CAPITOLO 5

CRITICITÀ NELLA POLITICA ATTUALE

Dall'analisi dell'insieme degli strumenti impiegati si possono trarre alcune considerazioni sulle criticità nell'attuale politica. Sotto un profilo generale, sul piano delle risorse dedicate a R&I, quelle pubbliche si sono assottigliate in questo decennio e restano molto inferiori a quelle dei Paesi partner, trovando solo una limitata compensazione nell'incremento degli investimenti delle imprese.

Sul piano dello strumentario, non si riscontrano invece grandi lacune, perché la gamma di mezzi messi in campo è comparabile a quella degli altri Paesi e l'obiettivo generale di stimolare le imprese a fare R&I è in linea con quanto fanno gli altri. È piuttosto sulla rispondenza degli strumenti agli specifici obiettivi che si riscontrano distorsioni ed inadeguatezze, particolarmente nell'assistere la gran parte delle imprese giovani e di taglia meno grande, come indicato precedentemente.

Le differenze maggiori rispetto ai Paesi innovatori stanno nell'impostazione della strategia, nel diverso peso dato alla ricerca rispetto all'innovazione, nella scarsa enfasi sui meccanismi di trasferimento dei risultati della ricerca alle imprese e sull'importanza di diffondere le innovazioni tra la massa delle PMI, nell'insufficiente capacità dei diversi attori di fare sistema, nel promuovere la cultura dell'innovazione, imprenditorialità e concorrenza, nel mix di strumenti impiegati. Queste differenze, ancor più che il dislivello di risorse pubbliche impiegate, possono spiegare l'insoddisfacente grado di successo dell'Italia in assoluto e nel raffronto con i Paesi partner.

Sul piano della strategia, manca un quadro unitario di riferimento su cui far convergere l'azione delle diverse autorità lungo tutta la scala di governo e sulla cui base verificare la coerenza delle varie iniziative. Il Piano Operativo Nazionale e i POR regionali non sono stati sufficienti a formare una strategia organica e complessiva per l'innovazione, perché riguardano soprattutto le regioni del Mezzogiorno, sono legate ai finanziamenti comunitari, presentano ritmi di attuazione lenti e mancano di una reale valutazione economica.

Due tentativi nella direzione di una strategia completa furono compiuti nel 2007 con il Programma Industria 2015 e nel 2010 con il Programma "i2012". Entrambi per motivi diversi furono attuati solo in piccola parte.

Il primo identificò 5 settori d'intervento prioritario e mirò a sostenere i Progetti d'Innovazione Industriale, le reti di impresa e la finanza innovativa per la R&I nelle imprese. I risultati sono stati deludenti a causa della lentezza dell'attuazione e delle procedure farraginose per l'erogazione degli aiuti.

Un altro valente tentativo verso una strategia fu fatto nel 2010 con la preparazione del Programma "i2012", un programma diretto a promuovere l'innovazione nella pubblica amministrazione, tra le imprese e i cittadini attraverso un uso convergente delle risorse già disponibili, "un'azione di coordinamento centrale forte tra le politiche in capo ai diversi Ministeri" e un'opera di semplificazione a tutto campo per dare spazio alle energie innovative del Paese. Il Programma prevedeva un'azione sistemica che investiva sia il lato dell'offerta che la domanda d'innovazione, puntava sulla sua diffusione nella società, su migliori condizioni di contesto e su una *governance* più efficace. In particolare, proponeva commesse pubbliche di prodotti innovativi, sviluppo dei centri di trasferimento tecnologico e un'Agenzia per l'Innovazione. Gli specifici progetti da attuare appaiono, tuttavia, al di sotto degli ambiziosi traguardi, ma in ogni caso il programma, pur essendo stato approvato dal Governo, è rimasto in gran parte inattuato.

Il salto di qualità è stato compiuto nel 2016, come indicato precedentemente, con il nuovo PNR che ha l'ambizione di costituire un programma organico e una strategia non solo per la ricerca ma per l'innovazione tra le imprese. Come osservato precedentemente, si tratta di un programma per il futuro più che di una strategia per l'innovazione a causa delle diverse aree di indeterminatezza, come nell'integrare le politiche condotte dal MiSE, e alcune carenze. I meccanismi di diffusione dell'innovazione tra la maggioranza del tessuto imprenditoriale e la formazione "informale" rispondente alle specifiche esigenze aziendali sono trascurati, i servizi alle imprese risultano carenti, la *governance* della strategia è debole e tutta da costruire, la semplificazione delle procedure indeterminata, la valutazione completa dei risultati e degli impatti delle misure non specificata. Occorre quindi ancora affiancare una strategia organica per l'innovazione tra le imprese in tutte le sue articolazioni tecnologiche e non tecnologiche.

Nella prima metà del decennio, anche in assenza di una strategia organica o di un programma, diversi degli obiettivi di una politica per l'innovazione sono stati perseguiti con singole misure, assunte in tempi diversi e da autorità diverse, individualmente e senza quantificare né i traguardi, né le risorse. Mancando questi elementi, diviene difficile fare un monitoraggio in itinere dell'attuazione e una valutazione dei risultati al fine di ovviare ai problemi che emergono e procedere, ove necessario, a correzioni o integrazioni. D'altronde, non esiste neanche un meccanismo di coordinamento dell'azione dei diversi attori pubblici, nè di verifica dei risultati, né di dialogo permanente tra pubblico e privato per affrontare le continue sfide dell'innovazione. Altri Paesi hanno fatto ricorso a un'Agenzia per la R&I con i compiti di coordinare l'attuazione del programma, facilitare l'attuazione, interagire col settore imprese e sollecitare l'esecutivo agli aggiustamenti necessari. Nel caso dell'Italia, l'Agenzia per l'innovazione è stata creata, ma non è mai decollata, e recentemente è stata trasformata in Agenzia per la digitalizzazione, come se l'agenda digitale assorbisse l'intero campo dell'innovazione. Altro esempio dell'importanza di un sistema di coordinamento e dialogo è fornito dalla fallimentare esperienza di Industria 2015 già citata: dopo avere fatto decollare due grandi Progetti d'Innovazione Industriale, rispettivamente per l'efficienza energetica e la mobilità sostenibile, la loro attuazione si è impantanata in un mare di lentezze e carenze amministrative che ne hanno gravemente pregiudicato i risultati (MiSE, 2014).

Una debolezza d'impostazione tuttora prevalente nella *policy* sta nel vedere l'innovazione come un *pendant* della ricerca, che è appannaggio o degli enti pubblici (università e centri di ricerca) e dei loro *spin-off* tecnologici, oppure delle imprese che possono permettersi di sostenere lo sforzo con strutture adeguate. Quindi una dimensione essenzialmente di ricerca tecnologica, in gran parte nei centri pubblici e nelle grandi imprese, mentre minore attenzione è dedicata all'altrettanto importante innovazione non-tecnologica, la quale include attività essenziali per la commercializzazione del sapere, quali il marketing, l'organizzazione, la gestione d'impresa. Fin quando si rimane prigionieri di questa visione, non si riesce a sviluppare quell'intenso reticolo di interazioni tra impresa, fornitori, clienti, finanziatori, istituti di ricerca e strutture di supporto (consulenze e *Technology Transfer Office-TTO*), reticolo che permette di usare la leva della ricerca per dare forma a un prodotto o processo per il mercato. In altri termini, sono le azioni di sistema che risultano episodiche ed insufficienti, né l'incentivo alle reti d'innovazione serve a questo scopo perché rimangono confinate nell'ambito della ricerca.

La domanda di innovazione delle imprese, pur essendo l'area più debole del sistema, resta in secondo piano nel programma d'interventi, vista l'assenza di efficaci ed estesi incentivi per la massa di PMI operanti nei settori tradizionali e nei servizi, benché da esse si possano ricavare cruciali incrementi di produttività ed efficienza per tutto il Paese. Su questo fronte incidono la formazione e la cultura d'impresa. Una formazione funzionale alle esigenze d'innovazione dell'impresa resta ancora uno scoglio, che impropriamente nella pubblica amministrazione si ritiene possibile affrontare con i soliti corsi di formazione generica, piuttosto che con servizi mirati alle specifiche esigenze delle imprese attraverso il tutoraggio e i consulenti che operano all'interno dell'azienda. Ma l'esperienza dei Paesi di maggior successo prova il contrario: assistendo la PMI con continuità nelle importanti scelte aziendali si possono innestare nuove tecniche e approcci che assecondano un continuo rinnovamento dell'impresa stessa.

Qualche stimolo alla domanda di innovazione è derivato dagli incentivi per le energie rinnovabili, dai nuovi standard di protezione ambientale, da quelli di efficienza energetica per i motori elettrici e gli elettrodomestici, nonché dagli incentivi per la rottamazione delle auto inquinanti. Questa è una forma indiretta di promozione dell'innovazione attraverso la regolamentazione e lo stimolo ai consumatori ad acquistare prodotti più avanzati. Si tratta invero di incentivi episodici, mentre le nuove regolamentazioni degli standard hanno effetti duraturi, ma va agevolata l'applicazione almeno nei primi anni e vanno sottoposti a revisione periodicamente per aggiornarli. È, invece, mancato il ruolo del soggetto pubblico come committente di prodotti (beni e servizi) innovativi, oppure ad alta tecnologia (ad eccezione dei prodotti per usi militari, come nell'aeronautica), un ruolo che si è rivelato molto efficace in Paesi, come gli USA, nel dischiudere nuovi mercati attraverso l'assunzione dell'iniziale rischio d'innovazione da parte del soggetto pubblico. Nell'ultimo biennio sono state prese, invece, nuove misure per incentivare le start-up innovative, le PMI innovative e la R&I tra le imprese, oltreché per rendere più attraente l'investimento diretto estero nel Paese ed accelerare la digitalizzazione delle imprese. Misure importanti, ma la cui efficacia appare limitata dalla dimensione finanziaria, inferiore a quella dei maggiori Paesi concorrenti, e dalla loro frammentarietà nella struttura e nei tempi di attuazione.

La cultura dell'imprenditorialità è l'altro grande scoglio non affrontato: l'avversione al rischio e una cultura d'impresa di stampo ottocentesco scoraggiano molti potenziali imprenditori dal rischiare in una iniziativa imprenditoriale nell'innovazione. L'ultima indagine OECD *"Entrepreneurship at a glance 2015"* ne dà conferma, riportando la relativamente bassa attenzione dei media all'imprenditorialità. Poche sono anche le iniziative nella istruzione secondaria e terziaria per spiegare i relativi meriti del divenire imprenditori e nell'insegnare i rudimenti di gestione d'impresa.

In questo campo il distacco dai Paesi avanzati ed innovativi è evidente e si riflette sul grado d'innovazione mostrato dal sistema nel suo insieme.

Sul fronte della diffusione dell'innovazione pochi gli interventi e grandi le lacune nel connettere ricerca e impresa a tutto il sistema impresa. Molto resta da fare per sollecitare gli enti pubblici d'innovazione e ricerca a lavorare per le PMI e rendere più efficace l'attività dei TTO, uffici di trasferimento tecnologico. Nel vasto panorama di enti impegnati nel settore, secondo un'indagine di RIDITT (2010), si notano frammentazione, limitata specializzazione e dimensioni ridotte in rapporto ai compiti. Qualche positivo risultato si è ottenuto con i "distretti tecnologici", una trentina su tutta la penisola, come pure con la rete "NetVal" per la valorizzazione della ricerca e "PNICube", associazione degli incubatori universitari. L'attività degli incubatori, se riesce a fornire assistenza logistica e consulenza nella prima fase della nascita di imprese innovative, incontra molte difficoltà a connettere i nuovi imprenditori con i potenziali finanziatori e con i mercati di sbocco. Anche in questo campo si avverte la carenza di sistema nell'unire i vari agenti di diffusione delle conoscenze, incluse le Camere di commercio, in una rete che sia funzionale ai bisogni delle PMI e che sviluppi sinergie.

Sulle condizioni di contesto si registrano diverse misure che tendono a migliorare l'ambiente per l'innovazione. Nei campi della formazione ed acquisizione di elevate competenze, dell'accesso ai mercati dei capitali, del credito alle PMI attraverso garanzie pubbliche, della funzionalità del mercato del lavoro, della maggiore concorrenza di mercato, delle infrastrutture dell'informazione e comunicazione, e del diritto dell'economia sono stati apportati negli ultimi anni diversi, significativi miglioramenti utili per assecondare l'innovazione. Particolarmente interessante è l'ingresso del soggetto pubblico nell'investimento in partecipazioni nel capitale di imprese innovative attraverso "fondi dei fondi" e "fondi d'investimento" specializzati.

Considerato che i loro effetti non si sono ancora dispiegati pienamente, è prematuro farne una valutazione. Nondimeno progressi ulteriori sono necessari per agevolare e diversificare le fonti di finanziamento dei progetti imprenditoriali a più alto rischio, specialmente nei primi anni di vita delle PMI innovative, nella valorizzazione della proprietà intellettuale presso le istituzioni finanziatrici, nel fornire servizi alle imprese, e nell'incentivare la formazione aziendale. Le convenienze create sul piano fiscale e degli altri incentivi appaiono ancora inferiori sia al livello di rischio insito nel finanziamento, sia a quanto avviene nei maggiori Paesi avanzati. Ad esempio, si offrono agevolazioni per attrarre o trattenere ricercatori e *skills* elevati, senza considerare che i Paesi avanzati offrono molto di più e per essere efficaci gli incentivi devono sorpassare quelli dei concorrenti esteri.

Sul piano della *governance* della *policy*, le criticità sono intense e di non facile superamento a causa dell'assetto istituzionale del Paese, che presenta una molteplicità di centri di autonomia decisionale, e disfunzioni della pubblica amministrazione. Non è soltanto l'assenza di una strategia unitaria a incidere sui risultati, ma la carenza di un forte coordinamento delle misure, la frammentazione, le duplicazioni, la lunghezza di alcune procedure, la episodicità di alcuni interventi che non rendono prevedibile e continuativo il sostegno pubblico. Il monitoraggio e la valutazione dei risultati in itinere ed ex post sono altri punti dolenti, perché non consentono tempestivi aggiustamenti ed integrazioni degli interventi. Le agevolazioni fiscali tendono ad automatizzare i benefici, snellendo l'iter amministrativo, ma non si addicono alle nuove imprese che hanno prolungati fabbisogni di iniezioni di fondi per i primi anni dell'impresa. Negli ultimi anni si è dato maggior peso a una meno formale valutazione degli strumenti impiegati e si è tenuto conto del suo esito per migliorare o arricchire le misure. Questa prassi andrebbe elevata a norma da applicare a tutte le amministrazioni, dal centro alla periferia, con implicazioni per l'allocazione delle risorse pubbliche ai più meritevoli.

Nella scelta degli strumenti di supporto, in questo decennio l'importanza relativa si è spostata dagli aiuti diretti (*grants* e prestiti) a quelli indiretti rappresentati dalle garanzie su prestiti e capitale di rischio, e da incentivi fiscali (con contingentamento) e semplificazioni amministrative. Uno spostamento dettato dalla ristrettezza del vincolo di bilancio, ma non appropriato né per la piccola impresa impegnata in R&I e carente di capitale, né per le start-up tecnologiche che hanno lo stesso problema.

Per migliorare l'azione pubblica è importante trarre indicazioni dal confronto con l'approccio e gli strumenti adottati in Paesi molto più avanti in fatto di R&I.

STATI UNITI

Paese all'avanguardia in ricerca ed innovazione, sia per la quantità di risorse impegnate, che per la diffusione nel mondo produttivo, ha sviluppato una vera strategia nel 2009 all'indomani della crisi economica globale come strumento cruciale per il rilancio della crescita. La strategia è stata rivista nel 2011 al fine di stabilizzarla su un arco temporale più lungo, ossia di 10 anni contro i 7 originari.

La strategia sia articola su tre filoni (US The White House, 2011; Bernanke, 2011):

a) investire sulle fondamenta del processo innovativo, che comprende la formazione delle competenze più elevate, la ricerca di base, le infrastrutture funzionali all'innovazione e un sistema avanzato di tecnologie per l'informazione;

b) promuovere la diffusione dell'innovazione mediante incentivi fiscali, l'imprenditoria innovativa, la concorrenza di mercato e la facilitazione della brevettazione;

c) catalizzare innovazioni radicali nei settori prioritari per il Paese, ovvero nell'energia pulita, la manifattura avanzata, le nano- e bio-tecnologie, le applicazioni nello spazio, e nelle tecniche di istruzione.

Essa è attuata attraverso il preesistente sistema istituzionale, che ha una molteplicità di centri decisionali (governo federale, stati, ministeri, enti ed agenzie pubblici, fondazioni private, università e centri di ricerca) con un coordinamento generale a livello della Casa Bianca, ma con ciascuno di questi soggetti che coordina le sue iniziative sia all'interno sia con gli altri, incluso il settore delle imprese. In particolare, il governo federale ha costituito alcuni organismi ad hoc: a) la Startup America Partnership per coordinare l'assistenza, i servizi e il finanziamento per l'imprenditoria, con repliche a livello di Stati; b) l'Ufficio per l'innovazione ed imprenditoria al Ministero del Commercio; c) il Consiglio nazionale per l'innovazione e l'imprenditoria, che raccoglie i manager delle grandi società, delle startup ad alto tecnologia e i rettori delle università per dare consigli al Presidente sulle politiche da seguire; d) Star Metrics, che è un'infrastruttura per raccogliere le informazioni sulle misure, monitorare l'attuazione e valutarne i risultati in termini economici, occupazionali e sociali; e) *Regional Innovation Clusters* che opera attraverso la cooperazione di vari enti pubblici per finanziare PMI innovative in una specifica area e settore. Il Congresso fissa gli obiettivi generali e concorre con il Presidente alla definizione dei programmi. L'esecuzione è affidata alle agenzie federali, e il monitoraggio ai comitati del Congresso e al Presidente attraverso l'*Office of Management and Budget* (OMB), l'*Office of the Inspector General e il Government Accountability Office* (GAO).

Pertanto, un sistema policentrico, decentralizzato, basato sul partenariato e sulle iniziative d'intervento che promanano dal basso, ma sono sancite poi al vertice del governo federale. Il modello d'intervento mira alla ricerca di base, alla sua applicazione per il mercato attraverso il sostegno all'imprenditoria innovativa, al potenziamento dell'istruzione scientifica (scienza, tecnologia, ingegneria e matematica) e alla formazione e reclutamento di un maggior numero di ricercatori, anche con un collegamento tra insegnamento e ricerca. È significativo che la decisione sul finanziamento annuale del Programma d'innovazione tecnologica e del *Manufacturing Extension Partnership* sia l'occasione per valutare le misure sulla base di obiettivi quantitativi in termini di numero di progetti, collaborazioni nella ricerca, brevetti e pubblicazioni, quantità di servizi alle imprese, ore e tipo di assistenza, valutazioni da parte dei beneficiari, posti di lavoro creati o salvati, fatturato, risparmio sui costi ed investimenti. Le valutazioni sono richieste dal Congresso o dal Presidente ed affidate all'OMB e al GAO.

L'assegnazione delle risorse viene bilanciata tra aiuti alle singole imprese, alle reti d'imprese o distretti, e alle collaborazioni con i centri della ricerca. I distretti regionali d'innovazione hanno ricevuto grande impulso di recente: sono programmati e gestiti su base locale con grande partecipazione di imprese, università e centri di ricerca privati. Una notevole parte delle risorse è assegnata per produrre nuove idee e per la loro applicazione per il mercato. Gli strumenti d'intervento sono rappresentati per circa la metà del budget da aiuti non rimborsabili *(grants)* e per l'altra metà da crediti d'imposta per gli investimenti delle imprese in R&I. Vi sono programmi per valutare gli impatti futuri degli investimenti in ricerca e altri per promuovere l'alta creatività attraverso premi e *grants*. Attenzione viene anche data alle catene internazionali dell'innovazione e agli accordi di ricerca con altri Paesi. Di particolare importanza è l'enfasi sul miglioramento dell'istruzione secondaria e terziaria, sia nelle modalità, sia nel numero di studenti che arrivano al terzo livello.

Per le PMI operano tre programmi gestiti dalla *Small Business Administration* (SBA) secondo la modalità di gara: *Small Business Innovation Research* (SBIR), *Small Business Investment Company* (SBIC) e *Small Business Technology Transfer* (STTR) (US SBA, 2015). Il primo concede finanziamenti a PMI per programmi di ricerca tecnologica per conto di enti federali, inclusi i ministeri. Costoro devono riservare allo scopo il 2,8% dei loro bilanci di ricerca esterna che superano i $100 milioni. Il secondo ha avuto un ruolo fondamentale nello sviluppo del *venture capital* (Lerner, 2013). Si tratta di *VC funds* privati che, una volta qualificati dalla SBA, ottengono dalla stessa il doppio dei finanziamenti che reperiscono dagli investitori per fornire capitale alle PMI innovative. I finanziamenti della SBA hanno la forma di crediti decennali a tassi agevolati (pari al tasso sui *Treasuries* a 10 anni con un premio per il rischio). Il terzo programma mira a collegare la ricerca di base condotta da centri di ricerca per conto di enti pubblici con la commercializzazione dei suoi risultati in termini d'innovazione delle PMI. Gli enti pubblici con programmi di ricerca extra muros di importo superiore a $1 miliardo, devono destinare 0,3% del loro budget a questo scopo. Le risorse sono utilizzate per coprire il capitale di rischio nelle fasi di avvio e sviluppo della ricerca nelle PMI. Altri programmi sono dedicati agli acceleratori d'impresa, alle startup, al *crowdfunding* e alla diffusione della conoscenza di questi incentivi tra le imprese, assistendole nella partecipazione alle gare.

La SBA concede garanzie su prestiti destinati all'innovazione tra le PMI, investe attraverso un *Fund of Funds* nel capitale delle Piccole imprese innovative, eroga aiuti alle reti d'innovazione ed a un programma SBIC volto a sostenere l'innovazione nelle PMI industriali. Tra le forme di sostegno prevale il finanziamento diretto alle attività di ricerca condotte dalle PMI, con i crediti di imposta in un ruolo nettamente secondario.

Quanto alla domanda di ricerca, pur in assenza di una esplicita politica, il loro ruolo è notevole attraverso le commesse pubbliche, la DARPA, agenzia per la ricerca avanzata a fini militari, la sua omologa nel settore dell'energia ARPA-E, e gli istituti nazionali per la ricerca medica e farmaceutica, mentre la domanda di innovazione del mercato è attivata per mezzo dei nuovi standard di efficienza energetica ed ecologici, nonché con incentivi all'acquisto di nuove tecnologie. La committenza pubblica di queste agenzie ha un effetto di traino notevole sia nel finanziamento che nel coprire il rischio della ricerca.

Negli ultimi due o tre anni, l'Italia ha tratto spunto da alcune misure americane per replicarle, ma con risorse modeste e limitato coinvolgimento delle imprese nella gestione.

Vi sono nondimeno importanti tratti del sistema americano che rilevano per il nostro Paese:

• le iniziative provengono dal basso, dal mondo della ricerca e dell'impresa, e sono ricomposte al vertice in una strategia con pluralità di attori per la successiva definizione operativa e gestione;

• lo stretto collegamento con le imprese e la comunità del sapere nell'impostazione ed attuazione della policy;

• il sostegno a R&I solo nei casi di fallimenti del mercato, ovvero la ricerca di base, quella per le PMI, la sanità e l'energia, per il trasferimento tecnologico all'impresa;

• l'attenzione continua ai risultati chiaramente quantificati, come condizione per continuare nel finanziamento;

• l'investimento pubblico negli SBIC per cofinanziare in misura doppia insieme al privato il capitale di rischio dell'impresa innovativa, con l'effetto di sviluppare il *venture capital* e altre forme di finanziamento extra-bancario;

• il ruolo importante che ha la valutazione dei risultati dei programmi, che è svolta da organi indipendenti;

• l'assistenza alle singole imprese nell'utilizzare gli incentivi pubblici o nei servizi di consulenza per la R&I;

• il sostegno alle nuove imprese ad alto contenuto tecnologico;

• l'impegno a potenziare l'istruzione superiore fino al dottorato per ampliare la comunità dei ricercatori;

• l'uso massiccio del credito d'imposta e dei *grants*, a cui si affiancano le garanzie sui crediti e i prestiti;

• la presenza di un sistema finanziario molto sviluppato, con una gran varietà di meccanismi di finanziamento, facilita l'accesso al capitale per coprire il rischio della R&I.

GERMANIA

È il Paese che dopo la Svezia e la Finlandia, ha il più alto tasso d'innovazione in Europa e che ha raddoppiato la spesa pubblica in R&I durante la crisi del 2009-2010 come mezzo per rilanciare l'economia. Il suo modello di politica per l'innovazione si differenzia da quello americano e di altri Paesi grandi innovatori per le sue caratteristiche e i risultati. Si tratta di un modello centralizzato a livello federale e dei Länder, con una strategia ben definita, che si sviluppa in una sequenza di passi molto razionale: a) analisi delle sfide tecnologiche e dello stato dell'innovazione; b) definizione concreta degli obiettivi, con le priorità e guardando allo sviluppo futuro delle tecnologie; c) coordinamento al vertice tra i soggetti decisionali (governo federale e quelli regionali); d) collegamento scienza-industria; e) partecipazione di tutti gli attori principali (organizzazioni scientifiche e tecnologiche, BDI ovvero l'equivalente della Confindustria, Camera di commercio, Federazione sindacale, e NGO) alla definizione dei programmi attraverso *workshop*, consultazioni, studi, e green papers; f) gestione di alcuni programmi affidata ad agenzie specializzate in determinati campi tecnologici; g) frequenti valutazioni dei programmi, in-itinere ed ex-post, condotte da organizzazioni indipendenti e da uffici del parlamento (EU, 2011-2015).

La strategia attuale, la *"High-tech Strategy 2020"*, si concentra nel sostegno delle tecnologie abilitanti nell'ottica degli utilizzatori, e fissa 5 aree prioritarie: energia e cambiamento climatico, sanità e nutrizione, mobilità, sicurezza e comunicazioni, allo scopo di porsi al passo delle nuove tendenze tecnologiche, mantenere l'eccellenza nella ricerca, riformare il sistema d'istruzione avanzata e rafforzare il nesso scienza-industria.

Tratti importanti dell'approccio sono il collegare la domanda di innovazione con i produttori di innovazione e il guardare in avanti alle sfide tecnologiche che si stagliano nel futuro con programmi di finanziamento a lungo termine, 10-15 anni, per dare stabilità all'impegno di ricerca ed investimento. L'offerta d'innovazione è sostenuta con una massiccia spesa, che è destinata alle istituzioni universitarie (oltre il 50% del bilancio per l'innovazione) e agli enti di ricerca (20%), che coprono sia la ricerca di base, che quella applicata, ma con uno stimolo a collegarsi alle imprese utilizzatrici. A tal fine sono impiegati anche strumenti ad hoc: a) *"Validation of Innovation Potentials"* che dà *grants* agli enti di ricerca per provare i risultati della ricerca e valutare il potenziale di mercato; b) "Research Campus" per grants al partenariato università-imprese per sviluppare tecnologie complesse con grande potenziale; c) "Innovation Alliances", alleanze scienza-industria per grandi progetti a lungo termine per nuove scoperte tecnologiche; d) "Top Cluster", *grants* per reti d'innovazione tecnologica su base regionale (distretti) che coinvolgono scienza ed imprese. Una fetta dei finanziamenti (12,5%) va anche ai programmi di R&S su temi specifici, mentre fette minori sono assegnate a programmi di ricerca a carattere generico, sempre indirizzati alle imprese.

Un ruolo importante nell'attuazione della strategia di R&I è svolto dal Fraunhofer Institute, (Fraunhofer, 2013 and 2008), considerato l'organizzazione più rilevante in Europa per la ricerca applicata. Si compone di 66 istituti e unità di ricerca disseminati attraverso il Paese, con 24.000 dipendenti, in gran parte scienziati, ricercatori ed ingegneri, e con un bilancio annuale di più di € 2 miliardi. L'80 % circa dei ricavi proviene da contratti di ricerca applicata, di cui il 70% circa riguarda commesse dell'industria e progetti di ricerca finanziati con risorse pubbliche. La collaborazione con partner di ricerca esteri e le affiliate all'estero consentono al Fraunhofer di essere presente nei Paesi alla frontiera dello sviluppo tecnologico ed economico. Avvalendosi di esperti di diverse discipline scientifiche, sviluppa e realizza prodotti, processi ed attrezzature pronte all'uso per il mercato. In breve, si tratta di una rete d'innovazione focalizzata sulle tecnologie applicate per il mercato e quindi con forti connessioni con le imprese. A questo aggiunge la formazione di competenze attraverso la Fraunhofer Academy, sulla base dei risultati delle sue ricerche e in collaborazione con alcune delle migliori università.

Di particolare interesse è anche il programma ZIM, che assegna *grants* alle PMI e alle grandi fino a 1000 addetti (fino al 50% dei costi) per collaborazioni con altre imprese e centri di ricerca (fino al 100% dei costi) con l'obiettivo della commercializzazione dei risultati. Il *grant* ha un limite di € 2 milioni. Il programma ha avuto grande successo, secondo le valutazioni effettuate, per l'efficiente collaborazione tra le agenzie che lo hanno gestito, i risultati sul mercato, la varietà delle collaborazioni, e la flessibilità della gestione, che consente di far domanda in qualsiasi momento e per qualsiasi settore di ricerca, di ottenere la decisione in poco tempo, di veder coperta la spesa dal momento della domanda e non dalla sua accettazione, per l'alto tasso di approvazione (77%), e per venire incontro alle esigenze degli utilizzatori dei risultati (la domanda).

In generale, sono degni di nota tre aspetti: 1) solo lo 0,5% del bilancio è assorbito dalle spese di *governance* della politica d'innovazione; 2) se la spesa pubblica è sostenuta maggiormente dal governo federale, essa si avvale anche di risorse dei Länder, dei Fondi strutturali europei, e di importanti cofinanziamenti del settore privato. Molta attenzione è dedicata in specie a rendere più agevole il finanziamento degli investimenti delle PMI in R&S. Il terzo aspetto è il ruolo determinante che ha la domanda pubblica di ricerca ed innovazione, ruolo perseguito tanto con norme, quali quelle sull'efficienza energetica e la riduzione delle emissioni inquinanti, quanto con la richiesta di condurre ricerche su temi specifici, le commesse pubbliche e gli inventivi ai consumatori a spostarsi su tecnologie nuove. La collaborazione internazionale è inoltre promossa, aprendo alla partecipazione straniera alcuni programmi di ricerca congiunta con le imprese su temi specifici.

Molto importante è il vincolo di standardizzazione delle nuove tecnologie che accompagna i finanziamenti pubblici. Lo scopo è accrescere l'utilizzo di quelle tecnologie, facilitarne l'applicazione per le PMI, agevolare l'investimento per il mercato ed affermare il prodotto tedesco sui mercati mondiali.

Una strategia così efficiente offre diversi spunti per le scelte di policy dell'Italia. In particolare:

• predisporre una strategia pluriennale molto concreta negli obiettivi, nei tempi e negli strumenti;

• basare le misure su un'analisi fattuale delle tendenze tecnologiche in un'ottica di lungo termine e sull'identificazione dei fabbisogni del sistema tedesco che richiedono l'intervento pubblico;

• collegamento costante della scienza con l'industria, ossia della produzione di tecnologie (l'offerta) con i bisogni attuali e prospettici degli utilizzatori (la domanda);

• la *policy governance* centralizzata in pochi centri decisionali con un coordinamento frequente, mentre l'attuazione è gestita, oltreché dal centro, da agenzie specializzate;

• enfasi sulla leva della domanda d'innovazione, sollecitata anche con norme e uso della tassazione differenziata;

• importanza data al miglioramento della formazione di lavoratori qualificati e di competenze avanzate;

• procedure di assegnazione degli aiuti snelle, rapide e flessibili, per evitare ritardi ed accelerare gli investimenti;

• sottoporre tutte le misure a frequenti valutazioni per verificarne l'efficacia ed eventualmente adattarle;

• flessibilità nella gestione per evitare ritardi e rendere tempestivo l'investimento;

• frequenti valutazioni ed aggiustamenti dei programmi e delle dotazioni finanziarie.

ISRAELE

Si tratta del Paese che detiene uno dei più alti tassi di R&I al mondo, con una spesa per R&D al 4,6% del PIL e la metà circa delle esportazioni di prodotti industriali che derivano da R&I (EC-Erawatch 2012-2015; EU, 2011, 2014, 2015). I punti di forza della sua politica per l'innovazione si possono riassumere in: a) condivisione col privato del rischio insito in R&I; b) stretto collegamento tra centri di ricerca/università e le imprese; c) sviluppo del *venture capital* (VC); d) una *governance* basata sul coordinamento di tutti gli interventi e continua revisione dei risultati e delle risorse pubbliche allocate; e) impiego di un misto di strumenti in cui il privato ha un ruolo cruciale nella articolazione dell'intervento e nello svilupparlo in un'ottica d'impresa.

La condivisione del rischio, che è necessaria per superare il fallimento del mercato, si manifesta nella concessione di aiuti rimborsabili solo se il progetto ha successo e sotto forma di royalty sul fatturato, royalty a cui può rinunciare se il progetto ha valenza prioritaria nello sviluppo del Paese. Il collegamento ricerca-industria fa leva sulla presenza di importanti centri di ricerca e di un capitale umano con un elevato livello di istruzione specialmente in materie scientifiche. Da questo stretto nesso derivano le proposte di progetto con finalità commerciali, le quali vengono sottoposte al vaglio sulla base non solo della fattibilità tecnica e commerciale, ma anche del rischio e del potenziale per acquisire competenze. Le università hanno buoni centri di trasferimento tecnologico, che spingono i ricercatori a brevettare e commercializzare i brevetti, con accordi sulla ripartizione dei proventi.

Lo sviluppo del VC risale alla costituzione nel 1991 di un *VC Fund* pubblico, YOZMA, con $100 milioni, che a sua volta ha costituito altri 10 Fondi, che concedevano finanziamenti fino al 40% dell'investimento, con il resto fornito da investitori stranieri, attratti con garanzie sul rischio. Buona parte delle imprese finanziate si sono sviluppate al punto di esser quotate in borsa o di essere acquisite da altre compagnie. Nel 1997, questi fondi sono stati tutti ceduti al privato. Oggi operano parecchi Fondi di VC che promuovono lo sviluppo di molte start-up tecnologiche senza alcuna partecipazione del settore pubblico ma con una forte presenza di capitale straniero.

La *governance* della *policy* per l'innovazione si è mostrata molto efficace nell'indirizzare le risorse verso gli obiettivi prioritari, evitando frammentazione e duplicazioni. Si basa essenzialmente su un sistema di "Uffici dello Scienziato Capo" (OCS) costituiti presso il Ministero dell'Industria e gli altri ministeri interessati, che si riuniscono mensilmente in un comitato con compiti di coordinamento. La responsabilità per gli interventi per la R&I è in capo all'OCS del Ministero dell'industria con collaborazione dell'omologo del Ministero dell'economia. Il Ministero della Scienza e Tecnologia, che si occupa della ricerca applicata nelle università e nei centri di ricerca ha recentemente perduto di influenza sul programma per l'innovazione, che appare sempre più nelle mani dei Ministeri dell'Industria ed Economia.

A favore dell'innovazione gioca anche una cultura sociale che è ben disposta ad assumere rischi sia d'innovazione, sia d'imprenditoria e non è intimorita dalla possibilità di fallire.

Gli strumenti di sostegno si articolano in 3 programmi base e 2 enti per la cooperazione con l'estero, Iserd con l'UE e Matimop con altri Paesi od organismi. Dei tre programmi base, il Fondo per R&S si rivolge a tutte le imprese, fornendo aiuti tra 20 e 50% del costo del progetto; il programma Magnet è diretto a consorzi di centri accademici di ricerca e imprese per progetti pre-competitivi, a cui dà aiuti pari al 66% delle spese per R&S delle imprese e tra il 60 e 90% ai centri di ricerca con il resto a carico delle imprese; e il programma per gli Incubatori, rivolto alle start-up, che ricevono aiuti pari all'85% dei loro costi per i primi due anni con il resto a carico dell'incubatore stesso. Da notare che a differenza dell'Italia l'incubatore, che è gestito su base privatistica, partecipa al finanziamento della startup e le fornisce risorse anche dopo i primi due anni. Nell'ambito dei primi due programmi si inseriscono diversi strumenti d'intervento, come Magneton, per finanziare programmi di ricerca congiunta tra imprese e centri di ricerca, e Kamin, per sostenere i contratti di trasferimento tecnologico tra istituti accademici e imprese.

Sul piano operativo, gli strumenti comprendono aiuti, benefici fiscali su singoli progetti e non sull'incremento degli investimenti in R&I, partecipazioni al capitale di rischio, garanzie agli investitori e su crediti, infrastrutture per ricerca e per gli incubatori, cofinanziamenti col privato di progetti di ricerca industriale. Accanto a questi, vi sono i finanziamenti per le università e gli istituti pubblici di ricerca.

Tratti caratterizzanti della *policy* sono:

• l'assenza di una strategia complessiva e di politiche orizzontali, con un focus, invece, sul coordinamento tra i diversi attori del sistema innovazione e sull'esame di validità dei singoli progetti;

• l'enfasi sulla sola innovazione tecnologica e sul finanziamento privato, con quello pubblico in funzione di catalizzatore del privato;

• la mancanza di significative misure dal lato della domanda, eccetto per gli incentivi al fotovoltaico;

• l'importanza data a una rigorosa selezione dei progetti;

• la definizione di priorità settoriali, sottoposte frequentemente a verifiche collegiali;

• la recente tendenza al collegamento tra ricerca militare e quella per impieghi civili, prima tenute distinte;

• l'investimento nelle infrastrutture di istruzione avanzata e ricerca, oltreché in quelle per le imprese;

• l'orientamento recente a promuovere sia le tecnologie diverse dall'ICT, in cui già primeggia, sia la diffusione dei risultati della ricerca ai settori tradizionali;

• l'importanza di ridurre il rischio per il privato investitore o l'impresa nell'iniziativa di R&I;

• il ruolo del soggetto pubblico come mezzo per promuovere la collaborazione tra imprese israeliane con quelle estere e con le multinazionali della ricerca.

Tra i lati negativi di questo approccio, il deflusso delle imprese di successo dall'economia israeliana per assumere una dimensione estera, le limitate ricadute occupazionali, la forte componente soggettiva nei processi di orientamento delle risorse, di loro allocazione e di selezione dei progetti, e il porre in secondo piano l'innovazione non-tecnologica. L'approccio, pur con i suoi innegabili meriti, non appare adatto a grandi Paesi che devono gestire grandi risorse e grandi sistemi, ma vi sono aspetti rilevanti per l'Italia. In primo luogo, il sistema di forte coordinamento tra i soggetti pubblici con un'interazione con i mondi dell'impresa e della ricerca; secondo, la condivisione della maggior parte del rischio della R&I con l'impresa dopo un'attenta selezione dei progetti; terzo, la mobilitazione del capitale privato, anche straniero; e quarto, il forte sostegno a fondo perduto alle start-up tecnologiche.

SVEZIA

È il Paese che nell'ultima indagine dell'OECD-EU risulta con la migliore performance innovativa in Europa, seguito da Danimarca e Finlandia, e che come la Germania ha intensificato il sostegno all'innovazione nel periodo della crisi economica europea, a cui è riuscito a sfuggire.

Il suo approccio alla politica per l'innovazione è meno strutturato di quello della Germania e si basa su una strategia decisa e finanziata al centro, ma attuata da circa 20 agenzie o istituzioni governative che operano in maniera indipendente con flessibilità nella scelta della destinazione dei fondi e nella gestione delle iniziative (EC, 2011, 2014, 2015; OECD, 2012 and 2015). Tra queste agenzie, il ruolo più importante è svolto da VINNOVA, che fa anche attività di consulenza per il Governo nell'impostazione della politica.

I ministeri, avendo strutture ristrette, si appoggiano alle agenzie per l'impostazione ed attuazione della loro politica. Tra di essi, i due attori principali sono il Ministero dell'impresa e quello della istruzione e ricerca, col Ministero delle Finanze in una posizione forte nel creare le appropriate condizioni macroeconomiche e di concorrenza a supporto dell'innovazione. Ogni 4 anni, il Parlamento approva una Legge per la R&I, che fissa il quadro delle priorità a medio termine e la grande allocazione delle risorse pubbliche. Nel 2012 il Ministero dell'Impresa ha pubblicato la sua "Strategia per l'Innovazione", che si concentra su risorse umane, ricerca ed istruzione avanzata, infrastrutture, condizioni quadro, imprese, settore pubblico e regioni. In un sistema così policentrico, il coordinamento tra i vari soggetti decisionali, incluse le agenzie, appare un punto debole, visto che le agenzie erogano i finanziamenti con una certa autonomia.

Fulcro del sistema sono le attività di ricerca effettuate da università e centri pubblici, e dalle grandi imprese. L'orientamento di fondo è di sviluppare sinergie tra governo, industria ed università. Su queste ultime si riversa buona parte dei finanziamenti pubblici, con un crescente stimolo, se non vincolo, a collegare la ricerca accademica con le esigenze delle imprese private. Finanziamenti sono anche diretti a grandi consorzi di università, centri di ricerca e imprese, oltre che a PMI. Un peso crescente hanno assunto le commesse pubbliche, non solo per la difesa nazionale, ma in diversi settori, come incentivo ad innovare, o per lanciare nuovi prodotti, o rispondere a sfide tecnologiche emergenti. Al tempo stesso il Governo mira a introdurre più innovazione nei servizi pubblici e all'interno della pubblica amministrazione.

I finanziamenti pubblici consistono soprattutto in *grants*, seguiti per importanza da partecipazioni al capitale di rischio delle imprese e prestiti agevolati, mentre non si fa ricorso a crediti di imposta come incentivo, in ciò seguendo la prassi di USA, Germania, Finlandia ed altri. In genere, agenzie come VINNOVA richiedono la compartecipazione almeno al 50% del settore privato nel finanziamento della R&I. Una rilevante fonte finanziaria è pure rappresentata dai Fondi europei strutturali, che la Svezia destina per il 40% alla R&I.

Una particolare preoccupazione del Governo è quella di costituire condizioni favorevoli per l'imprenditoria innovativa, agevolandone in particolare la nascita, lo sviluppo e il finanziamento, con condivisione dei rischi. Alcune agenzie o società pubbliche sono state stabilite a questo scopo e offrono interessanti esempi. In particolare: a) "Innovation Bridge", società per commercializzare progetti di università e imprese mediante *seed funding*, prestiti agevolati, compartecipazioni al capitale, incubatori; b) "Almi Business Partner Ltd.", che offre alle imprese, specialmente le PMI, consulenza, servizi e finanziamenti; c) "Industrial Development Fund", una fondazione pubblica che investe in capitale di rischio e fornisce finanziamenti a imprese con potenziale di crescita nelle fasi *early stage* ed espansione; d) "Centre Programme", un programma per cofinanziare nelle università centri per la collaborazione scienza-industria e tra le stesse accademie di ricerca, che si distinguono in "centri di eccellenza" e "centri di competenza" per progetti di innovazione università-industria; e) un *venture fund* per sostenere la ricerca nel settore automobilistico.

Le risorse pubbliche impiegate dalla Svezia per sostenere R&I tra le imprese non sono imponenti (0,15% PIL nel 2010), ma fanno perno su una solida e diffusa base di ricerca universitaria, sull'attenzione all'imprenditoria, su una rispondenza crescente ai bisogni del welfare dei cittadini e sulla valutazione della gestione e degli effetti di programmi e iniziative. Le valutazioni sono condotte su elementi qualitativi più che quantitativi, (al contrario degli USA che applicano solo metodi quantitativi), al fine di chiarire la natura dei problemi e migliorare gli interventi attraverso un dialogo aperto. Sono quindi utilizzate anche come mezzo di apprendimento su come accrescere efficacia ed efficienza degli interventi. Non si riscontrano invece valutazioni delle attività dell'università in questo campo, né della politica nel suo complesso.

Dall'esperienza svedese, l'Italia può trarre qualche indicazione:

• anche in assenza di una completa strategia, si possono ottenere buoni risultati se si investe seriamente nell'istruzione scientifica, nella ricerca universitaria e nel suo collegamento con l'imprenditoria;

• la grande impresa riceve assistenza solo su grandi progetti che coinvolgono i centri di ricerca e le università in progetti a rete, con la partecipazione di altre imprese, oltre che su grandi programmi settoriali d'innovazione tecnologica;

• la grande attenzione a favorire l'imprenditoria innovativa e le start up, fornendo sia finanziamenti, sia servizi, sia condizioni di contesto favorevoli;

• il ricorso ad agenzie specializzate in compiti determinati, che selezionano i progetti ed intervengono con finanziamenti e servizi alle imprese;

• i centri di competenza che raccolgono attorno a progetti di R&I imprese di diversa taglia, università e centri di ricerca;

• il cofinanziamento con l'impresa privata al 50% delle spese.

FRANCIA

Il Paese ha una buona performance nel campo della R&I, ma a un costo per il bilancio pubblico più che doppio rispetto a quello della Germania e dei Paesi scandinavi più avanzati. Le autorità francesi sono consapevoli di questa anomalia e cercano di porvi rimedio affinando i loro strumenti d'incentivazione (OECD, 2014).

L'attuale politica della R&I parte dalla strategia disegnata durante la Presidenza Sarkozy nel 2009 con il "Programma d'investimenti per il futuro", di durata decennale, con un impegno finanziario di €35 miliardi. L'obiettivo è creare un modello di sviluppo dell'economia basato sull'innovazione e il sapere, che fa perno su tre assi: a) incrementare gli investimenti in R&I delle imprese; b) migliorare il trasferimento di conoscenza dalla ricerca pubblica all'innovazione; e c) sostenere la crescita delle PMI agevolandone il finanziamento. A monte di questa strategia stanno corpose analisi richieste da diversi governi a commissioni di esperti ed imprenditori, dal "Rapporto Beffa" del 2004, alle relazioni di Aghion et al. (2007), Attali (2009), Gallois (2012).

Il sistema di governo della politica per l'innovazione è alquanto centralizzato: le grandi priorità promanano dal Presidente della Repubblica, il quale si avvale delle proposte del Consiglio Strategico per la Ricerca (presieduto dal primo ministro), che a sua volta si avvale del Comitato Operativo, di cui fanno parte i migliori scienziati, i direttori generali dei ministeri interessati, i capi delle organizzazioni di ricerca principali e i direttori generali delle grandi imprese. La Banca Pubblica per gli Investimenti (BPI) partecipa alla formulazione del programma. Dei 35 miliardi del programma, 7,1 sono stati assegnati alla ricerca, 6,5 all'industria e PMI, 4,5 alla digitalizzazione e 11 all'istruzione superiore.

L'attuazione della politica non è più affidata ai ministeri, ma alle organizzazioni di ricerca, all'Agenzia Nazionale per la Ricerca e alla BPI per la parte finanziaria. Naturalmente, due ministeri hanno un ruolo principale, quello della Istruzione Superiore e Ricerca, e quello dell'Industria. I programmi di spesa per ricerca ed istruzione superiore di 6 ministeri sono coordinati dal sistema MIRES, che sta preparando la nuova strategia per il periodo 2015-20. Accanto al programma principale si collocano i programmi degli enti di ricerca e dei singoli ministeri, che sarebbero coordinati dal MIRES. Problemi di coordinamento tuttavia restano, perché i singoli ministeri sono gelosi delle loro autonomie.

Negli ultimi anni, il programma si è orientato maggiormente verso le tecnologia di punta, per rispondere alla concorrenza internazionale e alle sfide tecnologiche. Grandi risorse sono state destinate ai programmi di settore: aeronautica, difesa, spazio, trasporti ad alta velocità, nucleare.

Il ruolo delle risorse dello Stato nel finanziamento degli investimenti per R&I è elevato, coprendo il 50% della spesa totale del Paese (la seconda percentuale più alta tra i Paesi OECD), e si rivolge sia alle grandi imprese, che operano su progetti pubblici di ricerca, sia alle piccole imprese, mentre le medie ricevono molto poco. La componente delle imprese private nell'investimento in innovazione è invece relativamente bassa, sia per il peso importante di produzioni a bassa intensità tecnologica, sia perché si concentra in alcuni settori di punta e non in maniera diffusa tra tutti settori.

Gli strumenti d'intervento includono *grants*, prestiti agevolati, crediti di imposta servizi alle imprese per l'innovazione, sostegno alle startup innovative, ai distretti per l'innovazione, ai contratti per il trasferimento di conoscenza scienza-industria, partecipazioni al capitale di rischio con *venture capitalist*, *seed money*, sostegno alla diffusione delle nuove tecnologie e alla collaborazione con gli istituti di ricerca. Nel complesso si contano 30 diversi canali di intervento. Il metodo è quello dei bandi aperti con competizione tra i richiedenti.

Tra tutti gli strumenti, in questo decennio si è espansa la quota rappresentata dai crediti d'imposta per la ricerca, fino ad assorbire attualmente più della metà delle risorse, divenendo lo strumento principale d'incentivazione. Il credito d'imposta per la sua semplice applicazione e per la sua alta incidenza sull'investimento dell'impresa si è dimostrato molto efficace nel promuovere la R&I tra le imprese. La percentuale è del 30% fino a 100.000 milioni e del 5% oltre, ma esse vengono raddoppiate se la ricerca è compiuta con enti pubblici di ricerca e se riguarda giovani PhD. Il credito dura per 3 anni e può essere rimborsato pro-quota se alla fine dei 3 anni non è stato utilizzato interamente. Il credito è cumulabile con eventuali *grants* e altri incentivi. Il risultato è stato che nel 2012 durante la crisi, quando la spesa per R&S delle imprese negli altri stati è stata ridimensionata, in Francia è invece cresciuta dell'80% circa. Ne hanno beneficiato soprattutto le grandi imprese, che in media hanno ottenuto circa il 45% del loro investimento in R&S.

Un altro strumento di successo è dato dai poli di competitività, che radunano imprese e centri di ricerca su un territorio attorno a progetti di collaborazione, che vengono finanziati direttamente dallo Stato. In aggiunta vengono forniti vari servizi, inclusi quelli di impianto, consulenza e di monitoraggio delle tecnologie. Nondimeno la partecipazione delle PMI in questi poli è minoritaria. Tuttavia, notevoli incentivi sono assegnati alla promozione dell'imprenditoria innovativa e al finanziamento delle PMI.

Più in generale ha ottenuto risultati positivi nel sollecitare la collaborazione industria-ricerca la rete di Istituti Carnot, creata nel 2006, che è gestita dalla Agenzia Nazionale per la Ricerca secondo le linee guida fissate dal Ministero dell'Istruzione Superiore e della Ricerca. I trentaquattro Istituti esistenti coinvolgono 27.000 ricercatori e 8.000 PhD (15% degli addetti nei centri pubblici di ricerca) e hanno ricevuto € 1,3 miliardi di finanziamenti pubblici da collegare a pari volumi di risorse fornite dalle imprese per progetti di ricerca. Questa forma di collaborazione si è dimostrata proficua: si calcola che ne siano derivati circa 65 imprese *spin-off* all'anno e ricavi da proprietà intellettuale per 47 milioni l'anno.

Uno strumento indiretto d'innovazione è anche rappresentato dalle grandi società controllate dallo Stato, le quali operano in diversi settori dell'economia, dall'energia allo spazio, alla meccanica e chimica. Queste investono notevoli risorse nella ricerca applicata e la incorporano nei loro prodotti. Benché i risultati delle loro ricerche siano in buona parte protetti come proprietà intellettuale, è probabile che un trasferimento di conoscenze avvenga ugualmente attraverso la rete di imprese fornitrici e di maestranze altamente qualificate.

La valutazione della politica di R&I non è sistematica, ma si frammenta in rapporto ai tanti interventi, spesso privi di una vera coordinazione. L'utilizzo delle commesse pubbliche e di misure dal lato della domanda per promuovere l'innovazione è limitato, con l'eccezione delle tecnologie strategiche, soprattutto per le implicazioni militari.

Dall'esperienza francese, l'Italia può trarre alcuni spunti:

• importanza di concentrare le risorse su pochi strumenti per dare loro massa critica. Il credito d'imposta è risultato efficace sia per la sua generosità, sia per la sua semplicità di applicazione;

• ruolo importante di una strategia che fissi le priorità sulla base di scelte strategiche e di rispondenza alle sfide tecnologiche del mondo, e che si avvalga delle proposte tanto degli scienziati quanto delle grandi imprese;

• l'approccio affronta il problema su molti fronti contemporaneamente: dalla ricerca alla formazione degli addetti, all'imprenditoria, alle reti di imprese e al finanziamento delle PMI;

• l'applicazione della strategia è demandata ad agenzie governative con compiti specifici;

• enfasi sul coordinamento tra ministeri con meccanismi appositi sul piano della programmazione delle risorse;

• attenzione al ruolo della grande impresa, i campioni nazionali, mentre non si può condividere l'allocazione di risorse inferiori al sostegno delle PMI in questo campo;

• l'avere investito cospicui fondi nella R&I, facendone uno dei motori della ripresa economica.

COREA DEL SUD

È ai primissimi posti nel mondo tra i Paesi più innovativi. La sua performance è rimarchevole anche in considerazione della sua storia relativamente recente di sviluppo economico. La spesa annuale per R&S è tra le più alte al mondo, al livello di oltre il 3,5% del PIL e con un obiettivo corrente di portarla al 5% PIL nell'attuale periodo di programmazione (OECD, 2014).

Non è solo questo il punto di forza del sistema di R&I, perché vi concorrono l'alto livello di istruzione e formazione delle forze di lavoro a seguito di decenni di massicci investimenti nell'istruzione, specialmente in discipline scientifiche e tecniche; i grandi investimenti in R&I delle grandi imprese private, che hanno raggiunto un'elevata competitività su scala mondiale, e la notevole rete di infrastrutture per la ricerca e le ICT.

Punti deboli sono, invece, la ricerca di base, la modesta attività innovativa delle PMI, i problemi di coordinamento tra gli interventi dei ministeri, la carenza di creatività nelle risorse umane, e l'insufficiente diffusione e commercializzazione dei risultati delle ricerche. A questi problemi il Governo sta dedicando grande attenzione nell'attuale piano d'interventi.

La *governance* della politica per la R&I è molto strutturata a vari livelli, coinvolge direttamente il Primo Ministro ed ha molta continuità nei decenni nel senso del suo potenziamento, nonostante i cambiamenti avvenuti nel passaggio tra i vari governi. Al livello del primo ministro opera la Commissione Nazionale per la Ricerca e la Tecnologia, composta dai ministri interessati sotto la presidenza del Primo Ministro. La Commissione stabilisce il Piano di Base per la S&T, coordina i ministeri, alloca il 70% delle risorse di bilancio destinate allo scopo, analizza e valuta i programmi, e coordina lo sviluppo delle risorse umane per la S&T. Il Ministero delle Finanze è tenuto ad osservare le decisioni della Commissione. Questa si avvale dell'Istituto pubblico per la valutazione e programmazione delle attività per la S&T, e degli input del ministero per la Scienza e di quello per l'Industria. I Ministeri a loro volta si servono di 4 istituti pubblici con distinte missioni tecnologiche e della Fondazione Nazionale per la Ricerca per proporre progetti, pianificarli e seguirne l'attuazione. La selezione dei progetti è rigorosa, passa attraverso vari scrutini, alcuni indipendenti e si estende anche alla fase ex-post, con ripercussioni sulla conduzione dei progetti e sull'allocazione dei fondi pubblici.

L'attuale strategia mira a sviluppare una Economia Creativa attraverso tecnologie strategiche. Su questa base è stato definito il piano quinquennale di attuazione (2013-2017) che si concentra su 7 aree tecnologiche, individuando in dettaglio 50 Tecnologie Critiche che fanno perno sui punti di forza esistenti e 40 "Candidate Tecnologie", che mirano a proiettarsi in nuovi campi. Tra gli obiettivi operativi più significativi, un forte incremento del numero di ricercatori, nonostante abbia già raggiunto una delle più alte intensità di ricercatori al mondo, la promozione delle startup e delle giovani imprese innovative e una maggiore diffusione delle nuove tecnologie dai centri pubblici di ricerca alle PMI e non solo alle grandi. La commercializzazione dei risultati della ricerca pubblica è uno degli obiettivi.

Il Piano di Base individua i grandi settori su cui concentrare le risorse, ne destina il 40% alla ricerca di base, indirizza gli investimenti del Paese su 120 tecnologie e persegue l'idea di passare da un'economia in rincorsa verso le tecnologie avanzate dei Paesi leaders ad un'economia che fa da leader nel campo della S&T, avendo già colmato il distacco. Al tempo stesso si sta impegnando a sviluppare la collaborazione con l'estero in reti di innovazione su scala globale.

Per l'attuazione del Piano, la Corea utilizza un ampio spettro di strumenti che investe principalmente il lato dell'offerta, ma non trascura il lato della domanda di R&I e l'infrastruttura per la R&I, inclusa l'istruzione superiore e la formazione delle competenze e dell'imprenditoria. Gli agenti dell'innovazione a cui si rivolge sono in particolare i numerosi enti pubblici di ricerca, le imprese private e il sistema d'istruzione superiore, composto in gran parte dalle università.

Oltre ai notevoli stanziamenti disposti annualmente per gli enti pubblici di ricerca, la Corea accorda alle imprese finanziamenti diretti e micro-credito alle PMI innovative, capitale di rischio sia per la fase di *pre-seed* che per quella di espansione, fondi di investimento per Business Angels, cofinanziamenti con le imprese su progetti, incentivi alle società private per collaborare con gli enti pubblici di ricerca, corsi d'istruzione per gli imprenditori, schemi per fornire consulenza e informazione alle imprese piccole e giovani, una rete di 275 incubatori d'impresa.

Molto importante è lo strumento della tassazione. Le imposte sulle società e i *capital gains* sono relativamente basse in rapporto all'area OECD, e un ampio ventaglio di incentivi fiscali si applica agli investimenti privati in R&S sia delle PMI, sia delle grandi: deduzioni dal reddito e dall'imposta societaria, fino al 25% per le PMI e 3-6% per le grandi imprese, per le spese di ricerca e la formazione del personale addetto, analoghe deduzioni fino al 10% per le attrezzature, esenzione dalle imposte per il reddito dei ricercatori derivante dall'attività di ricerca, esenzione dall'imposta locale sugli immobili per gli istituti di ricerca delle società, ancor più generosi incentivi fiscali (deduzioni fino al 30% per PMI e 20% per grandi) per R&S nei settori designati come prioritari per lo sviluppo. Circa il 60% di questi incentivi sono andati alle grandi società.

Dal lato della domanda sono significative le politiche delle commesse pubbliche strategiche, le norme per il controllo delle emissioni di CO_2 e di rifiuti delle imprese, incentivi fiscali ai consumatori per l'acquisto di prodotti eco-sostenibili, le regole di standardizzazione dei prodotti e i meccanismi per coordinare le politiche di offerta e di domanda di R&I.

Anche se non mancano le inefficienze e le ridondanze in questo approccio di *policy*, i risultati ottenuti sono notevoli e di grande evidenza, anche per i tempi ridotti.

Quali spunti trarre per il caso italiano?

• L'importanza di avere una strategia che promuova la R&I affrontando gli impedimenti su tutti i fronti: dal livello dell'istruzione diffusa in scienze, matematica e tecnologie, alla formazione dei ricercatori e del lavoro, all'assistenza ai nuovi imprenditori innovativi, al finanziamento degli investimenti, all'offerta di capitale di rischio, alla pressione sugli enti di ricerca pubblici a lavorare con le imprese, ai consistenti benefici fiscali;

• la continuità nel tempo delle politiche per R&I indipendentemente dai cambi di governo, e il loro continuo potenziamento negli anni.

• la chiarezza nell'indicare l'ampia gamma di tecnologie che si vuole promuovere e l'utilizzo della ricerca pubblica oltre che privata a questo scopo;

• chiarezza nell'obiettivo di incrementare il numero dei ricercatori;

• l'attenzione alla R&I del Primo Ministro attraverso una *policy governance* che si estende dal vertice del governo ai livelli sottostanti e che fa largo uso degli enti pubblici;

• l'investimento nell'infrastruttura per l'innovazione attraverso le reti digitali, le ICT, i servizi di consulenza alle PMI e le sollecitazioni al sistema finanziario privato;

• i grandi incentivi a collaborare con l'estero e ad attrarre ricercatori dall'estero. Lo si realizza anche promuovendo la formazione dei loro giovani nei migliori istituti stranieri (USA, UK, e altri Paesi);

• ovviamente, la notevole dimensione degli incentivi finanziari e fiscali.

REGNO UNITO

La politica di R&I è in gran parte nelle mani del governo centrale, con poche responsabilità assegnate ai tre governi regionali, e strutturata piramidalmente lungo un processo che discende dal Primo Ministro insieme al Parlamento (ossia i suoi comitati specializzati) fino alle istituzioni di ricerca, con una chiara definizione di chi traccia gli orientamenti e chi li attua, seppure con qualche flessibilità nell'allocazione dei fondi ai differenti progetti e programmi (EC-Erawatch, 2015; UK, 2015; Catapult, 2015).

Alla base di questa politica vi è il convincimento di tutto il governo e delle amministrazioni pubbliche che una solida e fiorente base di scienza e tecnologia sia il motore del sistema d'innovazione e di riflesso della competitività del Paese, e che il sistema d'innovazione richieda importanti investimenti tanto dal settore pubblico quanto da quello privato. In particolare, per generare più produttività e crescita occupazionale, è necessario investire maggiormente nella formazione di nuova conoscenza e nel suo trasferimento nel mondo dell'impresa e dei servizi pubblici. La spesa complessiva per R&S si attesta attualmente attorno all'1,8% del PIL, mentre l'obiettivo è elevarla al 2,5% entro il 2014.

La *governance* di questa politica si articola su tre livelli:

• al vertice il Parlamento con appositi Comitati parlamentari e il Primo Ministro, con il supporto del Consigliere Scientifico Capo del Governo, che riporta al Primo ministro e presiede il Consiglio per la ricerca e tecnologia. Quest'ultimo ha ruolo preminente nella formazione della politica e nel suo coordinamento, attingendo agli input di una varietà di fonti ed enti pubblici e privati;

• al livello operativo, il ministero che si occupa di impresa, innovazione e competenze (*Department for Business, Innovation and Skills* - BIS), che include l'Ufficio Governativo per la Scienza e svolge il ruolo cardine nell'attuazione della Strategia per la R&I. Sotto la sua responsabilità operano il Consiglio per il finanziamento dell'istruzione superiore dell'Inghilterra ed i Consigli di ricerca. In parallelo opera il *Technology Strategy Board* (TSB), che è un'istituzione pubblica indipendente, la quale si occupa della promozione della R&I tra le imprese ed ha una partecipazione delle imprese stesse. Il BIS tuttavia ha un ruolo di coordinatore del tutto.

• al livello di esecuzione operano le università, il settore privato (imprese e il non-profit), gli enti di ricerca e tecnologia, i laboratori governativi e gli istituti appartenenti ai Consigli di ricerca.

Il governo stabilisce su base quadriennale la strategia per la R&I, fissando le priorità, definendo gli investimenti nell'infrastruttura scientifica, promuovendo l'attrazione di talenti, la diffusione delle conoscenze e la collaborazione sia all'interno che con l'estero.

Il BIS è il maggior finanziatore della ricerca pubblica, alloca le risorse di bilancio ai Consigli di ricerca e alla Società Reale e Accademia reale d'ingegneria. I Consigli a loro volta finanziano con *grants* la ricerca, la formazione delle competenze relative negli istituti d'istruzione superiore, i programmi specifici, i progetti e le iniziative con finalità specifiche di ricerca.

Per sostenere gli investimenti in R&I del privato interviene il TSB, che concorre a formulare ed attuare la strategia per la tecnologia. I suoi meccanismi di supporto sono costituiti per tre quarti da crediti d'imposta gestiti dal fisco, mentre altri ministeri (Difesa, Sanità, Ambiente) gestiscono i loro programmi di R&S attraverso i loro laboratori ed istituti ed altri enti.

L'approccio strategico è una combinazione di misure a carattere orizzontale con altre che identificano temi e settori di ricerca prioritari, per rispondere alle sfide tecnologiche che si profilano all'orizzonte ed alle esigenze della società (problemi dell'invecchiamento, economia digitale, nanoscienza, energie sostenibili, sicurezza alimentare, veicoli a basse emissioni, etc.). Su questi indirizzi si investono grandi risorse con il contributo di diversi Consigli di ricerca.

Le risorse vengono ripartite tra finanziamento alle istituzioni e finanziamenti a progetti su base competitiva, mentre i crediti d'imposta hanno una portata orizzontale, con qualche maggiore preferenza per gli investimenti delle PMI e per gli investitori in *venture capital*. Il credito d'imposta per le PMI è in generale del 10% della spesa. Per il VC vi sono diversi vantaggi fiscali: in particolare con lo Schema per il *Seed Enterprise Investment*, gli investitori individuali hanno un'esenzione al 50% del reddito e totale per i *capital gains* se sono entrambi reinvestiti.

Accanto a queste misure si collocano Fondi di investimento

per la *Research Partnership*, che cofinanzia col privato le infrastrutture di ricerca; cofinanziamento degli investimenti delle PMI
in ricerca e preferenze alle PMI nelle commesse pubbliche. Il soggetto pubblico si pone anche come promotore del mercato per
prodotti innovativi, acquistandoli e facilitandone l'affermazione.
Questa politica dal lato della domanda tocca anche il ministero
del difesa.

Particolare importanza è assegnata alla creazione di un ambiente favorevole all'imprenditoria innovativa attraverso la facilitazione del loro finanziamento, anche con capitale di rischio, ed
i servizi di consulenza mirata, attraverso incubatori, parchi scientifici e alcuni strumenti interessanti: i Centri Catapulta, i Catalisti
Biomedici e le *Enterprise Zones.*

I primi mirano a collegare le imprese con la comunità accademica e di ricerca (scienziati e ingegneri) al fine di trasforma-
re nuove idee in prodotti innovativi e servizi che promuovano la
crescita economica. I Centri, che sono indipendenti e no-profit,
mettono a disposizione tecnici, scienziati e altre risorse, compresi
i laboratori e le attrezzature, per tradurre un'idea con un potenziale in realtà per il mercato. Ogni Centro è specializzato in un
campo specifico, e offrono consulenze e collaborazione a tutte le
imprese su materie quali la terapia cellulare, il settore digitale, i
sistemi di energia, la manifattura ad alto valore aggiunto, le rinnovabili offshore, le applicazioni satellitari, i sistemi di trasporto,
la medicina di precisione, e la città futura. Forniscono anche una
squadra di esperti nello sviluppo d'impresa, per ridurre il rischio
dell'innovazione, sviluppare le *skills* e generare posti di lavoro
sostenibili.

I Catalisti Biomedici forniscono servizi analoghi nel campo
specifico. Le Enterprise Zones danno alle imprese che vi si stan-
ziano più basse aliquote di imposta, infrastrutture avanzate digitali *(broadband)*, bassi livelli di regolazione e di controllo ed altri
servizi. Queste zone fanno parte delle iniziative per la collaborazione tra le imprese locali *(Local Enterprise Partnerships).* Per la
diffusione delle nuove conoscenze sono previste diverse misure,

tra cui aiuti per favorire la mobilità dei ricercatori dalle università alle imprese.

Va sottolineato che gran parte delle misure a sostegno della R&I sono soggette a frequenti valutazioni volte a stabilire l'utilità delle risorse allocate e potenziare l'efficienza nei metodi d'intervento. Molte delle valutazioni sono rese pubbliche.

Un sistema di supporto alla R&I così strutturato ed articolato offre molti suggerimenti per la politica italiana:

• l'importanza di stabilire una chiara strategia pluriennale e una *governance* fortemente influenzata da entrambi, il mondo della ricerca e le imprese, con un alto grado di indipendenza dal governo;

• l'importanza di una struttura di governance della *policy* per R&I ben definita, che coinvolge direttamente gli uffici del Premier, risponde all'esito delle valutazioni frequenti, ed è accentrata in due istituzioni principali per l'allocazione delle risorse e il coordinamento;

• l'attenzione al sostegno all'imprenditoria innovativa per fronteggiare i principali ostacoli (finanza, infrastrutture, capitale di rischio, consulenza e *skills*);

• la forte sollecitazione a migliorare l'istruzione superiore nei campi scientifici e le *skills*;

• il collegamento tra università, centri di ricerca ed imprese;

• l'esperienza dei servizi mirati alle esigenze della singola impresa attraverso i Centri Catapulta e le *Enterprise Zones*;

• il grande peso assegnato alla valutazione dei risultati e dei metodi d'intervento.

• la consistenza delle risorse dedicate all'innovazione tra le imprese.

CAPITOLO 6

LA POLITICA PER R&I DELL'UE E L'ITALIA

Nell'ambito dei Paesi dell'UE, la loro politica di R&I è in parte inquadrata in quella sviluppata dall'Unione nel suo complesso. L'UE si è dotata di una strategia per l'innovazione nel 2012 con un focus particolare sulle tecnologie abilitanti *(Key Enabling Technologies)* come strumento per potenziare la competitività delle imprese e generare più crescita ed occupazione. L'attenzione è pertanto rivolta tanto alla produzione di ricerca quanto alla sua applicazione per il mercato attraverso le imprese, facendo leva su tre pilastri: la ricerca tecnologica, la dimostrazione nei prodotti, e la produzione competitiva (EC Communication 2012, 2014; EC, 2014).

A questo scopo, la strategia mira a fare un uso sinergico dei vari programmi di R&S e strumenti finanziari a disposizione dell'UE, ovvero il programma *Horizon 2020*, che sostituisce il 7° Programma di R&S, i fondi strutturali dell'Unione, i fondi per la "coesione", COSME per il finanziamento delle PMI, e la BEI anche col FEI. Al primo programma sono stati allocati inizialmente € 6,663 miliardi. Altri strumenti sono le Piattaforme europee tecnologiche, i progetti congiunti pubblico-privato, l'EIT *(European Institute of Innovation and Technology)*, ed altre inizative di minor impegno finanziario. La Commissione ha anche invitato gli Stati a fare uso delle commesse pubbliche per promuovere queste attività. Un trattamento particolarmente incentivante è riservato alle PMI innovative, a cui sono fornite tra l'altro partecipazioni al capitale di rischio per le start-up innovative. Il sostegno europeo si estende alla formazione delle competenze *(skills)* sia in campo tecnologico che in quelli manageriali e imprenditoriale, con un collegamento più intenso del mondo del lavoro con il sistema di istruzione dei giovani.

Le misure nazionali di promozione debbono in ogni caso

essere compatibili con la disciplina europea sugli aiuti di Stato, ma questa è stata resa più accomodante nel senso di aumentare i massimali di aiuto *(General Block Exemption Regulation)* oltre i quali è necessaria l'approvazione preventiva da parte della Commissione. Per esempio, il massimale è stato alzato a €15 milioni per progetti che giungono alla fase di prototipi e a €30 milioni per quelli di collaborazione transnazionale e quelli dei *Joint Technology Undertakings*, che riguardano grandi programmi di collaborazione pubblico-privato di lungo periodo. Anche per i grandi progetti delle grandi società l'aiuto di Stato è ammissibile se giudicato proporzionale all'ammontare minimo richiesto per accrescere l'investimento in R&S. Sia per gli aiuti di Horizon 2020, sia per quelli nazionali si applica un massimale, che può arrivare al 70% dei costi eleggibili (senza dedurre i ricavi dai prototipi e dai progetti dimostrativi), se il progetto è del tipo collaborativo e comprende la formazione di un prototipo e la sua prova. Un regime di favore continua ad essere ammesso per la ricerca nel settore cantieristico e per i costi operativi della RSI entro un periodo massimo di 5, estendibili eccezionalmente a 10 anni.

Nel periodo 2007-2014, l'Italia ha ottenuto dall'UE più di €2 miliardi di contributi per la R&S, collocandosi tra gli stati che più hanno usufruito di questo aiuto in termini di progetti e di fondi. Sul piano della R&S l'utilizzo da parte delle PMI italiane del 7° Programma di R&S al 2011 si è dimostrato al di sotto della loro partecipazione al totale delle PMI dell'UE, con un tasso di contributi ottenuti di circa il 14% del totale accordato. Debolezze nella qualità dei progetti presentati sono emerse, ma più sul fronte della R&S che di quello dell'innovazione. In quest'ultimo le imprese italiane hanno mostrato una buona performance, confermando il tratto prevalente di un approccio delle imprese all'innovazione con relativamente poca ricerca. Resta ad ogni modo da considerare che per ragioni di contabilizzazione fiscale, i dati delle imprese tendono a sottostimare la reale entità dei loro investimenti in R&I.

CAPITOLO 7

ITALIA: INDICAZIONI PER UNA MIGLIORE R&I POLICY

Dall'esame delle debolezze della politica per l'innovazione dell'Italia e dal confronto con quelle dei Paesi di maggior successo risaltano alcuni tratti comuni tra il nostro Paese e gli altri, ma soprattutto differenze notevoli su alcuni aspetti condivisi dagli altri ma non dal nostro. Naturalmente, differenze sussistono anche tra gli altri Paesi, differenze che si spiegano con la necessità di adattare alla realtà del singolo Paese un modello di *policy*, che sarebbe valido soltanto su un piano molto generale.

Ad esempio, se da un lato non tutti i Paesi esaminati hanno una strategia ben definita nei traguardi e negli strumenti, dall'altro lato, tutti affrontano i loro nodi con un approccio su tutti i lati principali del problema, coinvolgono l'attenzione del vertice di governo, si impegnano nel coordinamento tra centri decisionali e tra misure, enfatizzano il supporto alle PMI anche sotto forma di servizi ritagliati su misura dell'impresa, prestano grande attenzione alla valutazione dell'efficacia delle misure, in itinere ed ex-post, prima di impegnare nuove risorse, e spingono università, centri di ricerca pubblici ed imprese a collaborare per ottenere cruciali trasferimenti di conoscenza.

Pertanto, se non è opportuno per l'Italia ricalcare acriticamente modelli specifici dei Paesi di successo, è tuttavia importante trarre indicazioni sia dai fattori di successo di quelle politiche, sia dalla consapevolezza delle carenze del nostro sistema d'innovazione e dell'approccio seguito dai governanti. Alla luce dell'esperienza dei Paesi di successo e della disamina critica delle debolezze del Paese sia nel sistema, sia nella policy in corso, che sono state tratteggiate nei precedenti capitoli 1 e 2, si possono tracciare alcune indicazioni per rendere più efficace l'intervento pubblico e sollecitare il settore privato ad investire più risorse e sforzi nella stessa direzione.

Nella tab. 15 si presenta un quadro sintetico delle proposte di *policy*, richiamandosi alle fasi in cui si scompone il processo d'innovazione, dalla *policy governance*, al ruolo dell'intervento pubblico, la responsabilità di attuazione affidata a un'Agenzia, il potenziamento tanto dell'offerta che della domanda, la diffusione della nuova conoscenza, le condizioni di contesto più favorevoli, gli strumenti più efficaci e l'importanza della valutazione economica degli interventi pubblici.

LA POLICY GOVERNANCE E LA NECESSITÀ DI UNA STRATEGIA

In primo luogo, gli esempi della Germania, del Regno Unito e della Corea del Sud sottolineano l'importanza di tracciare non solo una politica per R&I, ma una strategia su base pluriennale, che definisca per grandi linee quantitative le mete concrete da raggiungere, i tempi, gli strumenti e le risorse. Non basta un programma per la ricerca come richiesto dall'UE con Horizon 2020; occorre, invece, coprire il lato innovazione tra le imprese con una strategia quanto più possibile definita. Essa serve a tradurre la politica in un insieme organico, coerente e sinergico di interventi che sono attualmente disseminati in ogni settore, che prevedono l'impiego della regolamentazione, dell'uso della leva finanziaria e della collaborazione con l'estero, e che si estendono all'istruzione e formazione delle risorse umane. Questo è un passaggio obbligato per superare la frammentazione degli interventi, le duplicazioni e le incongruenze.

La strategia non può che basarsi sulla valutazione preliminare dei trend tecnologici in atto nel mondo, sulla collocazione presente del sistema imprese italiano rispetto a questi trend, sul potenziale fornito dalle *skills* disponibili e su una visione delle future linee di sviluppo innovativo che le imprese e le *skills* possono raggiungere nel periodo preso a riferimento. Un'analisi del genere, che già viene condotta con impegno dai tre Paesi citati, dovrebbe essere compiuta anche in Italia in via preliminare alla *policy*, avvalendosi del contributo di uomini di scienza, grandi imprenditori, manager ed esperti di istruzione superiore e formazione di competenze. Dato che il CNR non è adatto a questo ruolo, occorre pensare a un organo di consulenza a livello di premier, che raggruppi questi attori e sia guidato da un soggetto che sappia di scienza e di impresa, e che operi e riporti al Presidente del Consiglio. Il coinvolgimento del vertice dell'esecutivo può assicurare un orientamento unitario tra le varie amministrazioni e un coordinamento generale dell'azione dei vari organi ed enti attuatori.

L'aspetto della *governance* del sistema è cruciale per dare efficacia all'azione. Attualmente si ha una *governance* tenue, che fa capo principalmente a due ministeri, MIUR e MiSE, ma con una autonomia delle Regioni e degli enti pubblici, salvo che per i finanziamenti ricevuti dallo Stato e finalizzati a impieghi specifici. Un'alternativa migliore da seguire dovrebbe rifarsi al modello di *governance* di UK o Germania, in quanto assegna al vertice politico il compito di decidere la politica, assegna ai due dicasteri la funzione di supporto nel disegnare la strategia e nel distribuire le risorse tra i vari enti e programmi. Al tempo stesso, è opportuno liberare l'amministrazione pubblica da compiti operativi di attuazione della strategia: essi andrebbero demandati a un'Agenzia comprendente Consigli di tecnici ed imprenditori, mentre lo Stato centrale si riserverebbe la funzione di valutare frequentemente l'efficacia degli interventi, e di tener conto dei risultati modificando, ove opportuno, l'allocazione dei fondi.

IL RUOLO PUBBLICO COME COORDINATORE E FACILITATORE

In qualsiasi sistema di *governance* va stabilito a monte quale ruolo assegnare al soggetto pubblico nella politica per R&I. Spesso lo si interpreta come quello di un intervento diretto nello scegliere gli indirizzi e i settori prioritari, nel finanziare istituzioni, programmi e progetti di R&I sia pubblici che privati, nel far eseguire la ricerca nelle pubbliche istituzioni, e nel formare il capitale umano necessario. Questo approccio di politica industriale direttamente interventista ha mostrato nei decenni i suoi limiti nel nostro come in altri Paesi. Attualmente prevale tra i Paesi OECD una visione diversa, ossia dello Stato come facilitatore delle interconnessioni nel sistema dell'innovazione tra i vari attori, scienza-industria-finanza-impresa-istruzione superiore-regolatori del sistema. Non si tratta di abbandonare del tutto il primo ruolo, ma di bilanciarlo dando spazio al secondo, che consiste nel coinvolgere l'imprenditore, il capitale privato, gli utilizzatori e i produttori di nuova conoscenza nel dare contenuti concreti e lungimiranti al disegno della politica, e di condividerne la responsabilità dell'attuazione e del successo. In altri termini, un mix coordinato di approcci *bottom-up* e *top-down* per fare sistema, proprio il sistema che è carente nel Paese.

Per innovare non bastano gli incentivi da soli, perché l'innovazione è il prodotto di un sistema di interazioni, le quali richiedono un ambiente che l'assecondi, soggetti ben disposti (imprenditori e centri del sapere), e fattori abilitanti, come un sistema di istruzione e formazione adeguato, istituzioni finanziarie. Il soggetto pubblico è quindi chiamato ad operare per creare sistema in primo luogo.

La sua funzione di coordinamento assume un rilievo essenziale tanto all'interno, rispetto ai vari enti pubblici, che esternamente, tra gli altri attori del sistema. Naturalmente per l'Italia sarebbe arduo sovrapporre lo Stato alle autonomie sul territorio; nondimeno lo Stato ha competenza sugli indirizzi generali di politica per l'innovazione e su questa base può servirsi delle leve finanziarie, degli incentivi e della regolazione per stimolare i soggetti pubblici a operare in sintonia tra loro e con le imprese. A questi si dovrebbero affiancare meccanismi di interazione tra gli attori del sistema, siano essi piattaforme di dialogo e cooperazione pubblico-privato, o i Clusters Tecnologici del PNR 2016, o meglio "centri per la disseminazione tra le imprese di nuove tecniche" per innovare il modo di fare impresa. Centri simili furono introdotti dagli americani nel secondo dopoguerra nel quadro della cooperazione ed assistenza del Piano Marshall.

Di particolare importanza è il coordinamento tra le politiche dell'istruzione superiore, della ricerca scientifica e dell'innovazione tra le imprese. Attualmente queste ultime denunciano difficoltà a trovare i tecnici e le *skills* di cui hanno bisogno per poter creare ed assorbire l'innovazione. È evidente che il sistema d'istruzione e ricerca non è al passo con i bisogni di R&I delle imprese e che molte università e centri pubblici di ricerca non collaborano con le stesse. Troppe risorse di conoscenza sono confinate nei laboratori, da un lato, mentre gli specialisti in scienze esatte e tecnologia sono in numero insufficiente. L'offerta di istruzione in questi campi è ancora deficitaria, né il sistema di incentivi, premi e compensi del lavoro specialistico in termini relativi (ovvero il differenziale in rapporto ai compensi del personale meno specializzato) induce a invertire tale tendenza.

Il coordinamento orizzontale si presenta, pertanto, come condizione ineludibile per raggiungere un approccio olistico al problema della R&I nelle imprese, particolarmente tra le PMI, ovvero un approccio che chiami in causa l'istruzione superiore, la formazione di ricercatori e di tecnici specialistici nelle nuove tecnologie, i finanziatori, il capitale di rischio, la standardizzazione dei prodotti (beni e servizi), i manager, gli imprenditori e i regolatori di settore. In mancanza di un approccio a tutto tondo, i risultati saranno inferiori alle aspettative e ai fondi impiegati.

UN'AGENZIA PER L'INNOVAZIONE CON COMPITI OPERATIVI

Buona parte del successo di una politica di R&I dipende da modi e tempi con cui è attuata. Paesi come Germania, UK e Francia hanno affrancato l'amministrazione centrale da questa funzione operativa, affidandola ad agenzie pubbliche o a Consigli scienza-impresa operanti nella R&I. Un'altra motivazione per questa scelta sta nella esigenza di flessibilità e tempestività nelle procedure di selezione dei progetti da sostenere e nell'adattamento delle modalità d'intervento alle contingenze dell'innovazione. Questi Paesi d'altronde sottopongono annualmente ad attento scrutinio i risultati dell'attività degli enti chiamati ad assolvere funzioni attuative della strategia. Le procedure applicate dallo Stato italiano sono invece troppo rigide, lunghe e complesse per venire incontro alle richieste dei progetti altamente innovativi.

Visti i risultati insoddisfacenti ottenuti dall'AP italiana nell'attuazione delle misure per via di inefficienze, lungaggini e farraginosità procedurali, rigidità amministrative e disfunzioni, sarebbe opportuno assegnare il compito a strutture per la ricerca applicata, in cui le imprese partecipano nelle decisioni con un peso paritetico a quello della ricerca, in altri termini a un'Agenzia per l'Innovazione di nuova costituzione. In particolare, questa dovrebbe operare nella selezione su basi strettamente meritorie dei progetti ed attività da finanziare, operando con flessibilità, snellezza di procedure, rapidità ed indipendenza nella valutazione scientifica. Pertanto, dovrebbe godere di un'indipendenza dai portatori di interessi particolari, e dovrebbe mostrare flessibilità nelle procedure in funzione delle esigenze dei progetti. L'esperienza fallimentare di attuazione del programma Industria 2015 insegna a non ripetere gli errori del passato. Nel caso in cui questo disegno non fosse attuabile, rimarrebbe pur sempre urgente semplificare drasticamente le procedure di selezione ed attuazione degli interventi, ispirandosi ai medesimi principi.

STIMOLARE L'OFFERTA DI R&I ALLE IMPRESE

Dal lato dell'offerta di R&I, il problema principale risiede nello stimolare università ed enti pubblici di ricerca a lavorare con le imprese, segnatamente le PMI, e quindi a orientarsi verso la ricerca applicata lungo le direttrici indicate dal programma. A parte la ricerca di base, che richiede risorse ad hoc, per incentivare la collaborazione con le imprese nella ricerca applicata ed innovazione si sono usate in Italia prevalentemente misure dal lato della domanda delle imprese (contributi per progetti di collaborazione con i produttori di conoscenza), ma poco è stato realizzato dal lato dell'offerta (università ed enti pubblici). Lo stimolo deve essere, invece, diretto anche a spingere l'offerta a ricercare la collaborazione con le imprese, specialmente le PMI, sia per l'innovazione tecnologica, sia per la non tecnologica. Questo risultato si potrebbe ottenere facendo dipendere una parte delle risorse di questi enti dal reperimento di finanziamenti privati. Un'altra parte dovrebbe derivare dal competere con imprese ed altri centri di ricerca privati e pubblici per realizzare grandi programmi di ricerca lanciati e finanziati dallo Stato. Enti pubblici, come ENEA, il CNR ed altri più piccoli, nonché grandi società sotto controllo pubblico, quali ENI ed ENEL, dovrebbero essere stimolati a collaborare con le PMI per svolgere progetti di innovazione ed attuare il conseguente trasferimento di conoscenza. Le filiere dell'innovazione operanti in diversi Paesi e tra Paesi rispondono proprio a questo compito.

In particolare, si tratta di costituire una Rete di centri di servizio alle imprese, soprattutto PMI, coinvolgendo università e istituti pubblici. La funzione di questo strumento sta nel fornire servizi di R&I alle imprese con attività ad hoc.

Esperienze di tal genere si ritrovano in altri Paesi, ad esempio in Germania. Il Fraunhofer è una società senza fini di lucro che ha creato una grande rete di ricercatori e centri di ricerca (24.000 addetti e 66 istituti attraverso tutta la Germania), e che trae l'85% dei suoi ricavi da contratti di ricerca col settore pubblico e le compagnie private. Un'altra esperienza da considerare è quella dei Centri Catapulta in UK, che sono una rete di società non-profit indipendenti, create dall'Agenzia pubblica per l'innovazione "Innovate UK" e finanziate su base tripartita: un terzo dal soggetto pubblico per investimenti di lungo periodo in infrastrutture, negli esperti e nella formazione delle *skills*, un terzo da contratti di collaborazione pubblico-privato in R&I da conquistare su base concorrenziale, e un terzo da contratti di R&I col settore privato da ottenere sul mercato. I Centri lavorano per le imprese mettendo a disposizione scienziati, ingegneri e manager per portare sul mercato il prodotto delle nuove idee e conoscenze, nonché per formare le *skills* che si richiedono allo scopo.

Naturalmente, diversi altri meccanismi possono sollecitare la collaborazione scienza-impresa. Ad esempio, il bandire Premi consistenti per la realizzazione di nuove tecnologie con ricadute per il mercato può sollecitare imprese e centri di ricerca a collaborare. Sulla stessa linea dovrebbe operare il potenziamento degli incubatori tecnologici e degli uffici universitari per il trasferimento tecnologico.

Sviluppare la domanda di R&I sia privata che pubblica

Uno sforzo andrebbe anche fatto dall'Italia nello sviluppare gli interventi dal lato della domanda di R&I. Su questo fronte l'unica sollecitazione di rilievo è venuta dall'uso della regolamentazione, di nuovi standard e di incentivi per le energie rinnovabili, l'efficienza energetica, la riduzione delle emissioni inquinanti e la protezione ambientale. La grande massa delle piccole imprese appare tuttavia poco aperta alle innovazioni, specialmente nei settori dei servizi e delle costruzioni. Per stimolarle, sarebbe opportuno introdurre normative che spingano ad adottare innovazioni, come nel campo digitale, offrendo se necessario qualche supporto.

La mancanza che andrebbe invece colmata riguarda l'assenza della R&I nelle commesse del soggetto pubblico, eccetto che per scopi militari e di assistenza medico-sanitaria. Nei Paesi avanzati, invece, lo Stato si fa promotore del mercato per nuove tecnologie e prodotti innovativi, assicurando commesse consistenti agli innovatori e trainando al seguito la domanda privata. Questo aspetto andrebbe replicato anche in Italia e potrebbe realizzarsi ad esempio, introducendo un vincolo secondo cui un quota delle commesse pubbliche annuali di tutti gli enti di spesa deve riguardare beni o servizi che adottano tecnologie avanzate secondo predeterminate categorie.

Altra lacuna da colmare concerne gli strumenti per la diffusione ad ampio raggio tra le PMI delle innovazioni. Sovente le piccole imprese non hanno informazioni sull'esistenza di nuovi approcci o tecniche, oppure non ne conoscono i vantaggi, o non sanno introdurle. Le società private che svolgono questa funzione non riescono attualmente ad avere una penetrazione significativa, né a dare tutta l'assistenza necessaria. Occorre quindi considerare la possibilità di stabilire una rete di centri di informazione o disseminazione di tecniche con la partecipazione di università e imprese per diffondere le informazioni sugli approcci innovativi ed indirizzare le piccole imprese. Questa funzione andrebbe svolta dalla Rete dei centri di servizio a cui si è accennato in precedenza.

CREARE UN CONTESTO FAVOREVOLE ALL'INNOVAZIONE

Le condizioni di contesto hanno un peso determinante per sviluppare una propensione alla R&I diffusa nel sistema impresa e nella società stessa. Una cultura sociale ferma ai paradigmi del passato, ostile all'imprenditoria e che rifugge dal rischio ostacola ogni tendenza a ricercare continuamente l'avanzamento nel sapere e nella produzione innovativa. È compito anche dello Stato generare un contesto opposto ed assecondare un miglioramento frequente delle condizioni per realizzare R&I. La promozione dell'imprenditoria nella società dovrebbe essere perseguita dal soggetto pubblico con continuità e verso un ampio spettro sociale, ad iniziare dai giovani nell'età della formazione.

Alcuni strumenti meritano attenzione. L'imprenditoria e il suo valore per la società dovrebbero essere materia di trattazione negli istituti superiori, con insegnamenti su come avviare e gestire una nuova impresa, come affrontare la competizione su mercati concorrenziali, come applicare il sapere di università e centri di ricerca per soddisfare meglio i bisogni dell'individuo. Altro esempio è dato dal sistema finanziario, che dovrebbe dare spazio agli impieghi in progetti di R&I, e allo stesso scopo saper valutare la proprietà intellettuale (brevetti, marchi, disegni). Nei Paesi avanzati il finanziamento del rischio dell'innovazione passa attraverso una grande pluralità di fonti e meccanismi di mitigazione del rischio per via della diversificazione delle fonti. L'esperienza americana degli SBIC, pur con i suoi problemi di *moral hazard*, mostra come si possa sviluppare un settore finanziario a servizio dell'innovazione.

L'enfasi sull'imprenditorialità deve accompagnarsi con quella sulla concorrenza di mercato. Laddove scarseggia la concorrenza, scarseggia anche l'innovazione. Lo si vede nei servizi pubblici in cui la concorrenza è tarpata: lì l'innovazione ritarda e con essa la capacità del servizio di soddisfare il cittadino. Promuovendo la giusta concorrenza, si promuove di riflesso l'innovazione.

Un esempio di condizioni di contesto molto favorevoli all'imprenditoria innovativa viene dalle Enterprise Zones create in UK dal 2012. Le 24 zone esistenti mirano ad attrarre investimenti e generare nuova occupazione in determinate zone offrendo i vantaggi di un forte sconto sulle imposte sulla proprietà d'impresa, grande semplificazione delle autorizzazioni per costruire impianti, finanziamento della banda larga, aumenti del 100% degli ammortamenti (beneficio fiscale) per grandi investimenti.

Componente essenziale del contesto per una politica appropriata è la costituzione di un punto stabile di contatto e dialogo frequente tra il decisore pubblico, la comunità scientifica e le imprese sul territorio.

Una sede simile è utile per diversi scopi: recepire le istanze della comunità scientifica e delle imprese, valutare i trend tecnologici e d'innovazione a livello mondiale, monitorare l'efficacia degli interventi, adattare le policy alle realtà imprenditoriali sul territorio, sviluppare la formazione delle *skills* in funzione delle imprese. È un dialogo che dovrebbe avere una dimensione regionale ed essere diffuso sul territorio per cogliere le potenzialità locali in un processo di *smart specialization*.

Più efficaci modalità d'intervento e finanziamento

Riguardo agli strumenti pubblici d'intervento, l'Italia ha impiegato gran parte di quelli adottati dai Paesi avanzati senza tuttavia riuscire a mietere gli stessi successi. In parte ciò è dovuto alla dimensione inferiore delle risorse impegnate, e al destinarle ad istituzioni più che a programmi specifici e progetti che coinvolgessero le PMI. Ma per altra parte è il risultato delle modalità e della loro gestione da parte della PA.

Ad esempio, il credito d'imposta per gli investimenti delle imprese per R&I è stato concesso solo saltuariamente e per limitati periodi, in misura tenue, applicandolo sull'incremento dell'investimento e non sulla consistenza. A titolo di confronto, la Francia nel 2010, al culmine della crisi lo ha concesso alle PMI sulla spesa effettiva in misura fino al 200%, arrivando a rimborsare il saldo inutilizzato nei 3 anni di durata del credito. Questa misura attualmente è stata ridotta per portarla a regime, ma rimane molto allettante per le imprese.

Altro esempio, la provvista di capitale di rischio per le imprese giovani ed innovative che non possono attingere per le loro caratteristiche a flussi adeguati di credito. Per le start-up innovative e per quelle che sono riuscite a superare la "valle della morte" e sono entrate nella fase di *"expansion"* sono necessarie sovvenzioni pubbliche, o partecipazioni al capitale, perché le alternative rappresentate da *venture capital, Business Angels*, prestiti o fondi propri sono insufficienti. L'Italia solo nell'ultimo biennio ha assegnato qualche risorsa a questo scopo, mentre Paesi come lo UK vi hanno investito pesantemente da anni. Da parte sua, il *venture capital* in questo decennio si è mostrato poco interessato ad adempiere a questa funzione, mostrando flussi di capitale in declino e concentrati solo sugli investimenti nella fase di *expansion* della giovane impresa. L'attrattiva di questa forma d'investimento è peraltro modesta, specialmente se raffrontata con quella di altri Paesi, a causa delle limitate esenzioni fiscali sui *capital gains*.

Una carenza che richiede soluzioni efficaci riguarda l'utilizzo da parte delle imprese dei fondi messi a disposizione dall'UE. Le imprese italiane hanno difficoltà a proporre e formulare progetti di R&I validi secondo gli standard internazionali. La via migliore per raggiungere risultati positivi sta nell'assistere, specialmente le piccole imprese, a formulare progetti validi e nel portarli ad attuazione con maestranze qualificate. La rete di centri di servizio, di cui si è detto sopra, dovrebbe svolgere questa funzione. Il beneficio fiscale assegnato a questi investimenti cofinanziati dall'UE andrebbe pure sottoposto a revisione per applicarlo alla consistenza della spesa e non solo all'incremento, almeno per le PMI.

In ogni caso, una politica dell'innovazione per essere efficace dovrebbe estendere alle PMI benefici di gran lunga più grandi di quelli per le grandi imprese, come stimolo più forte e compensazione per le maggiori difficoltà. In realtà, gli incentivi pubblici sono andati più alle imprese grandi e medio-grandi che alle altre.

POTENZIARE LA VALUTAZIONE ECONOMICA DEGLI INTERVENTI

Altra area da migliorare è l'impiego della valutazione delle misure di sostegno a fini strategici ed operativi. Paesi come USA, UK e Germania ne fanno largo uso per assicurare che le risorse investite vadano a buon fine in termini di innovazioni, *skills*, occupazione, impatto sulla crescita economica. Stati Uniti e UK usano metodi quantitativi avanzati per studiare effetti ed impatto, nell'intento di giungere a verifiche quanto più oggettive possibili. Lo UK ricorre anche alla sperimentazione su piccola scala di nuovi metodi per selezionare i beneficiari degli aiuti. In Italia, le indagini condotte a questo scopo dal soggetto pubblico sono poche, discontinue e di tipo cartolare più che rivolte agli effetti sullo sviluppo economico. Sarebbe, invece, opportuno dare priorità al momento della valutazione sin dall'assegnazione dell'aiuto alle imprese, richiedendo un insieme di informazioni all'inizio, durante e alla fine dell'assistenza per rendere possibile un esame accurato e oggettivo degli effetti sull'impresa e sull'economia.

CONCLUSIONI

In conclusione, in Italia il cantiere per dare efficacia alla politica per l'innovazione è lungi dall'aver assolto il suo compito. Falle sono presenti su diversi fronti, e debolezze d'impianto e di esecuzione appaiono evidenti nel confronto con i Paesi avanzati in questo campo. Solo un approccio olistico e l'impegno dell'insieme dell'esecutivo con continuità e determinazione nello stimolare ed aiutare la ricerca e l'innovazione tra le imprese, soprattutto le PMI, potrà consentire al sistema di colmare il distacco dai Paesi avanzati e dare impulso alla competitività e allo sviluppo economico.

RIFERIMENTI BIBLIOGRAFICI

AIRI – Associazione Italiana per la Ricerca Industriale, *Patent Box*, 2015, http://www.airi.it

Aghion Philippe, Cette Gilbert, Coehn Elie, Pisany-Ferry Jean – *Les leviers de la croissance française, Conseil d'Analyse économique*, 13-9-2007

Attali, Jacques – *Rapport de la Commission pour la libération de la croissance française*, 2009

Beffa, Jean Louis – *Pour une nouvelle politique industrielle*, 30-9-2004

Benvenuti M., Casolaro l., Gennari E., *Metrics of Innovation: measuring the Italian gap*, in "Banca d'Italia, Questioni di Economia e Finanza", n.168, June 2013

Bernanke, Ben S., *Promoting research and development The Government role*, in "Issues in Science and Technology" 27, no.4 (Summer 2011)

Braconier, H., Nicoletti, G., and Westmore, B., *Policy challenges for the next 50 years*, "OECD Economics Department Papers", No. 9, 2014

Catapult – *Catapult centres* – 2015, http://catapult.org.uk

Confindustria – Livio Romano, *Industria italiana con alta propensione ad investire ed innovare*, CSC Note n.15-7

Cotec – *Rapporto Annuale sull'Innovazione*, 2014

Criscuolo C., Gal P., Menon C. – *The dynamics of employment growth: new evidence from 18 countries*, "CEP Discussion Paper" dp1274, Centre for Economic Performance, LSE London 2014

EU Commission Communication – *A European strategy for Key Enabling Technologies – A bridge to growth and jobs*, Com(2012) 341 final, 26-6-2012

EU Commission Communication – *Framework for State aid for RDI*, C (2014)3282, 21-5-2014

EU – *Innobarometer* 2014

EU – *Innovation Union Scoreboard 2015*, ed anni precedenti

EU – *Pro Inno Europe, Inno Policy Trendchart, Mini Country Reports,* 2011-12

EU Commission – *Innovation Union Competitiveness Report 2011*, Country profile - Italy

EU Commission – *Research and Innovation performance in the EU, Innovation Union progress at country level,* 2014

EU Commission – *Lessons from a decade of Innovation Policy*, June 2013

European Commission – ERAWATCH, *Platform on Research and Innovation policies and systems, Country analyses*, 2015, http://ec.europa.eu

European Commission – *Innovation Union Competitiveness* report 2011

European Commission – *Research and Innovation performance in the EU, Innovation Progress at country level,* 2014

European Commission – *State of the Innovation Union, Taking stock 2010-2014*, Com(2014) 339, 2014

Eurostat - *Innovation Statistics* - January 2015

Fraunhofer – *Annual Report*, 2013

Fraunhofer, *New Challenges for Germany in Innovation Competition*, Final Report, August 2008

Gallois Louis, *Pacte pour la compétitivité de l'industrie française*, Rapport au Premier Ministre, 5-11-2012

Istat – *L'innovazione nelle imprese - Anni 2008-2010*, 7 novembre 2012

Istat – *L'innovazione nelle imprese - Anni 2010-2012*, 4 dicembre 2014

Istat – *Noi Italia, Imprese Innovatrici*, 2015

Krugman P. and Obstfeld M., *Economia Internazionale*, 2a edizione, Hoepli, 1995

Lerner J. – *The boulevard of broken dreams: industrial policy and entrepreneurship, in The industrial policy revolution I – The role of government beyond ideology*, ed. J.E. Stiglitz and J. Yifu Lin, IEA 2013

Ministero dell'Istruzione, Università e Ricerca (MIUR) - *Programma Nazionale per la Ricerca 2014-2020*, Roma 23 febbraio 2014

MIUR – *Programma Nazionale per la Ricerca 2015-2020*, Roma, 2 maggio 2016

Ministero dello Sviluppo Economico–*Relazione sugli interventi di sostegno alle attività economiche e produttive*, 2014

Ministero dello Sviluppo Economico (MiSE) – *Small Business Act (SBA) - Le iniziative a sostegno delle micro, piccole e medie imprese adottate in Italia nel 2014 e nel primo semestre 2015* - Rapporto 2015

Ministero dello Sviluppo Economico, *Scheda di sintesi della policy a sostegno delle PMI innovative*, 25 marzo 2015

Montanaro P., Torrini R. – *Il sistema della ricerca pubblica in Italia*, aprile 2014, in "Banca d'Italia - Questioni di economia e finanza"

OECD – *Business Innovation Policies, Selected Countries Comparisons*, 2011

OECD – *Compendium of productivity indicators*, 2015

OECD – *Entrepreneurship at a Glance*, 2015

OECD – *Estimating investment in training using PIACC data: proposed methodology and preliminary findings*, 27/11/2014

OECD – *ICT Adoption: Scoping paper on policy influences and firm performance*, 2015

OECD – *Inchiesta sulle competenze degli adulti - Primi risultati* - Italia, 2014

OECD – *Innovation Policies for Inclusive Growth*, 2015

OECD – *Innovation Strategy Synthesis Report*, 2012

OECD – *Main Science and Technology Indicators*, Volume 2015/1

OECD – *Measuring the digital economy, A new perspective*, 2014

OECD – *OECD Innovation Strategy 2015 - An agenda for policy action*, 4/3/2015

OECD – *OECD Innovation Strategy 2015 - Governance and Implementation*, 4/3/2015

OECD – *R&D tax incentives: design and evidence*, 29/2/2016

OECD – *Reviews of Innovation Policy*, France, 2014

OECD – *Reviews of Innovation Policy, Industry and technology policies in Korea*, 2014

OECD – *Science Technology Innovation Scoreboard*, 2011 e 2015

OECD – *SMEs, Entrepreneurship and Innovation*, 2010

OECD - *Financing SMEs and Entrepreneurs 2016, An OECD Scoreboard 2016*

OECD – *The future of Productivity, The role of public policy*, Paris 2015

OECD – *The Innovation Imperative, Contributing to productivity, growth and well-being*, 2015

OECD – *The innovation Imperative in the Public Sector, Setting an agenda for action*, 2015

OECD – *The role of Innovation and the rationale for public policy*, 20/1/2015

OECD – *Reviews of Innovation Policy*, Sweden, 2012

OECD and Eurostat – *Oslo Manual,* 3rd edition, 2005

Piore M. – Conceptualizing the dynamics of industrial districts, in "Becattini G.,Bellandi M., De Propris L. - A Handbook of Industrial Districts", Edward Elgar, 2009

Riditt – IPI – *Il sistema innovativo nazionale e le policy per l'innovation: il quadro di sintesi,* 18/2/2010

Riditt – IPI – *Indagine sugli spin-off della ricerca pubblica in Italia*, 19/2/2010

Riditt – IPI – *Indagine sui Centri per l'Innovazione e il trasferimento tecnologico in Italia*, a cura dell'IPI Istituto per la Promozione Industriale, 2005

Robertson P, Jacobson D., Langlois R – *Innovation processes and industrial districts*, in Becattini G.,Bellandi M., De Propris L. - "A Handbook of Industrial Districts", Edward Elgar, 2009

UK, HM *Governement - Enterprise Zones*, 2015

UN Economic Commission for Europe (ECE) – *Creating a conducive environment for higher competitiveness and effective national innovation systems*, 2007

UN ECE – *Enhancing the Innovative Performance of Firms, Policy Options and Practical Instruments*, New York and Geneva, 2009

UN ECE – *Fostering Innovative Entrepreneurship*, 2012

US Small Business Administration – *SBIR-STTR Presentation*, August 2015

US The White House, NEC, CEA and OSTP, *A strategy for American Innovation*, February 2011

Wessner C. W. and Wolff A. W. Editors, *Rising to the challenge, US Innovation Policy for the Global Economy*, The National Academies Press, Washington D.C., 2012

TABELLE   101

TABELLA 1

Fasi ed ostacoli nel processo d'innovazione

Knowledge creation (innovation supply)	• Investment cost vs. business risk • Disconnection between research and business • Lack of knowledge and information infrastructures • Lack of know-how, quality human resources • Difficulties in university/research spillovers into business, start-ups
Knowledge demand (innovation demand)	• System inertia, habits • Limited market scope • Country's sectoral specialization • Bias towards existing technologies and approaches • Regulations and standards • Difficulty in firm's absorption of new knowledge • Lack of public procurement
Knowledge/innovation diffusion across firms	• Innovation chains and networks • Clusters of innovative firms • Innovation/ technology parks • Incubators/accelerators • Lack of specialized bodies for technology transfer, both private and public ones
Enabling environment	• Conducive finance (private and public) • Skilled labor, training facilities • Barriers to competition (hard market entry, incumbents) • Information infrastructures • Externalities limiting appropriability of returns, inadequate protection/enforcement of IPRs and "industrial" property (trade-marks, design, etc.) • Quality education and research facilities • Innovation/entrepreneurial culture in society
Innovation policy governance	• Lack of an Innovation Policy and foresight • Lack of an Innovation strategy • Fragmented policy approach • Lack of horizontal and vertical coordination across Government • Lack of policy predictability and stability • Intricate implementation procedures and bureaucratic hindrances • Lack of policy effectiveness • Lack of monitoring and periodic evaluation of innovation measures

TABELLA 2

Incentivi pubblici all'innovazione tra le imprese per destinazione

Creazione di conoscenza (offerta d'innovazione)	• Progetti d'innovazione industriale (collaborazione imprese - centri di ricerca-finanza) (ex Industria 2015) • Grandi progetti R&S per ICT, Ag. Digitale e Industria sost. Ricerca e Sviluppo: credito d'imposta sui nuovi investimenti • Progetti d'innovazione industriale: coordinamento • di ministeri, accademia e imprese, e finanziamento con pluralità di strumenti • Fondo per la Crescita Sostenibile (ex FIT - Contratti d'innovazione) • R&S – Horizon 2020 per la parte impresa • Credito d'imposta per ricerca, innovazione ed infrastrutture informatiche per imprese agricole • PON e POR Ricerca e Competitività per aiuti al Mezzogiorno con cofinanziamento dei Fondi Strutturali Europei • Garanzia del Fondo Centrale su prestiti BEI a PMI per progetti di ricerca • Brevetti (contributi a PMI per registrazione e valorizzazione) • Marchi: contributi a PMI per registrazione • Disegni: contributi a PMI per valorizzazione • Patent Box: tassazione agevolata sui redditi • Living Lab; Dimostratori Innovativi; Proof of concept • Istituto Italiano di Tecnologia • Reg. Basilicata - Aiuto in c/capitale a progetti d'innovazione (Premio Innovazione) • Reg. Lombardia - Finanziamento agevolato a progetti di R&S e Innovazione
Domanda di conoscenza (domanda di innovazione)	• Nuova Sabatini: Acquisto beni strumentali a tasso d'interesse agevolato • Finanziamento a tasso zero per Smart&Start - Startup innovative • Agevolazioni varie per "PMI innovative" • Investimenti Innovativi nelle regioni "Convergenza" (Macchinari) e nei SIN • Fondo Nazionale per l'Innovazione • Aiuto per investimenti produttivi innovativi • Sgravi fiscali per digitalizzazione del settore turistico • Patent Box • Piattaforme tecnologiche • Pre-commercial procurement • Valorizzazione economica dei brevetti • Voucher per l'innovazione nelle PMI • Dottori startupper • Incentivi per energie rinnovabili • Incentivi a Rottamazione auto ed elettrodomestici inquinanti • Regole e standards: energie rinnovabili, risparmio energetico, fisco digitale • E-government • Reg. Marche - Sostegno a Piccole imprese start-ups innovative ed innovazione • Certificati bianchi quale incentivo all'investimento in tecnologie ad alta efficienza energetica • Challenge Prizes

TABELLE 103

Diffusione della conoscenza e innovazione tra le imprese	• Credito d'imposta per nuove assunzioni di profili altamente qualificati (confluito nel 2015 nel credito d'imposta generico) • Incentivi per il rientro dall'estero di ricercatori e lavoratori altamente qualificati • Mille dottorati industriali • Un laureato in ogni impresa • Mobilità transnazionale dei ricercatori • Rise & Shine: Incentivi per limpiego di ricercatori tecnico-scient. • Reti per la ricerca e l'innovazione • Cluster Tecnologici Nazionali • Reti di impresa per artigianato digitale e manifattura sostenibile • Incubatori (Invitalia); Contamination Lab • Finanziamento TTO (uffici trasferimento tecnologico) • Strategia per la Crescita Digitale • Regione Emilia Romagna ed altre regioni partecipano a poli di innovazione, parchi tecnologici e incubatori (60 poli e 11 parchi + incubatori) • Reg. Marche- Borse di dottorato per ricerca applicata • Prov. Trento- Seed Money per nuove imprese innovative ed incubatori specialistici • Carenza di sostegni agli spin-offs delle università
Le condizioni di contesto	• Istruzione e formazione di qualità • Potenziamento delle infrastrutture di ricerca • Infrastrutture per alta qualificazione • Infrastrutture per l'informazione su nuove tecnologie e innovaz. • Cultura dell'innovazione – Contamination Lab • Facilitazioni nel ripianamento di perdite di PMI innovative • Promozione della concorrenza • Agevolazioni per l'accesso a finanziamento privato della R&S ed innovazione sia equity, sia credito (sgravi fiscali per investitori, minibond, crowdfunding) • Ampliamento operatività di CDP per finanziare investimenti per ricerca ed innovazione • Nuova flessibilità nei contratti di lavoro (Jobs Act) • Strategia per Banda Ultralarga - Crediti di imposta su investim. • Italia Startup Visa/Hub • Premio Leonardo Startup
Governance della politica dell'innovazione	• Mancanza di una strategia complessiva per l'innovazione, ma in qualche comparto vi è un Piano • Programma Industria 2015 in grande ritardo e con poche realizzazioni • Programma i2012 largamente inattuato • Frammentazione degli interventi sia nello Stato sia nelle Regioni; dispersione delle risorse; insufficiente coordinamento con rischio duplicazioni • Progressi nel coordinamento tra MiSE, MIUR e Funzione Pubblica negli interventi per l'innovazione, ma senza strategia unica • Comitato d'indirizzo e di governo del PNR 2016 • Mancanza di prevedibilità e continuità negli aiuti per l'innovaz. • Complessità e lentezza delle procedure di attuazione e finanziamento • Carenze nella efficacia degli interventi • Insufficiente la valutazione economica ex-post degli interventi - Pochi interventi soggetti a valutazione ex-post

TABELLA 3

Tipologia degli Incentivi pubblici all'innovazione

Creazione di conoscenza	Contrib. c/cap. equity part.grants	Finanz. agevol.	Contrib. interessi	Credito di imposta	Agevol. fiscali	Garanzia in c/credito	Accesso al credito	Accesso ai mercati fin.	Altre misure
Progetti d'innovazione industriale	☑	☑							☑
R&S per ICT, Digitale e Ind. Sostenibile	☑	☑							
R&S nuovi investimenti				☑					
Fondo Crescita Sostenibile	☑	☑	☑						
R&S – Horizon 2020		☑							
R&I ed infrastr. informatiche per imprese agricole				☑					
Prestiti BEI a PMI per progetti di ricerca						☑			
Brevetti						☑			☑
Marchi Disegni						☑			☑
Proof of concept	☑								
Patent Box					☑				
IIT	☑								☑
Regione Basilicata	☑								
Regione Lombardia		☑							

TABELLE   105

TABELLA 3 cont.

Tipologia degli Incentivi pubblici all'innovazione

Domanda di conoscenza	Contrib. c/cap.	Finanz. agevol.	Contrib. interessi	Credito di imposta	Agevol. fiscali	Garanzia in c/credito	Accesso al credito	Accesso ai mercati fin.	Altre agevolaz.
Sabatini			☑			☑	☑		
Startup innov.		☑			☑				☑
PMI innova.		☑			☑				☑
Inv. Innov. Reg. Converg.		☑							
Fondo Nazion. Innovazione	☑*	☑						☑	☑
Inv.Prod.Innov.	☑*							☑	
Digitalizza. Turismo					☑				
Dimostratori innovativi, living labs, proof of concept, Challenge prize	☑								
Pre-commercial procurement									☑
Regione Marche Piccole imp. Startup	☑								
Certificati bianchi settore energia									Incentivo da regolamentaz.

* Partecipazione azionaria

TABELLA 3 cont.

Tipologia degli Incentivi pubblici all'innovazione

Diffusione di innovazione e conoscenza	Contrib. c/cap.	Finanz. agevol.	Contrib. interessi	Credito di imposta	Agevol. fiscali	Garanzia in c/credito	Accesso al credito	Accesso ai mercati fin.	Altre agevolaz.
Assunzione di profili altamente qualificati				☑					
Rientro di ricercatori e lavoratori qualificati					☑				☑
Reti di imprese innovative		☑							
Incubatori (Invitalia) e delle Regioni	☑	☑							☑
Contamination Lab	☑								
Strategia Crescita Digitale						☑			☑
Regione Marche Borse di dottorato									☑
Provincia Trento Seed Money	☑								

TABELLA 4

Investimenti delle imprese in R&S in % PIL
(Fonte: MiSE cit.)

Spesa del business in R&S come percentuale del Pil

	2005	2006	2007	2008	2009	2010	2011	2012
EU	1,14	1,17	1,17	1,21	1,24	1,24	1,29	1,31
Italia	0,55	0,55	0,61	0,65	0,67	0,68	0,69	0,69

Fonte: EU Innovation Scoreboard 2015

TABELLE 107

TABELLA 5
Spesa in R&S e Innovazione (in % PIL o altro – Anno 2014)

Indicatori	Italia	Germa-nia	Francia	Regno Unito	Svezia	Paesi Bassi	UE 28
Spesa Pubblica	0,54	0,94	0,75	0,55	1,01	0,84	0,72
Spesa in R&S Imprese	0,67	1,99	1,44	1,05	2,19	1,14	1,29
Spesa per Innovazione imprese (% fatturato)	0,57	1,35	0,37	0,30	0,79	0,18	0,69
PMI innovazione in-house (% tot. PMI)	36,6	38,6	28,8	-	38,3	38,9	28,7
PMI innovazione collabor.esterna (% tot. PMI)	4,8	11,5	11,5	22,4	12,7	14,5	10,3
Popolazione con istruzione terziaria (% tot. pop. Età 30-34)	22,4	33,1	44,0	47,6	48,3	43,1	36,9

Fonte: EU Innovation Scoreboard 2015

TABELLA 6
Spesa in R&S e Innovazione
(variazioni medie annue % - Anni 2006-2013)

Indicatori	Italia	Germ-ania	Francia	Regno Unito	Svezia	Paesi Bassi	UE 28
Spesa Pubblica	0,5	3,5	-0,4	-1,2	2,0	0,3	1,9
Spesa in R&S Imprese	3,4	2,1	1,6	0,4	-2,5	2,5	1,9
Spesa per Innovazione imprese (% fatturato)	-1,0	6,3	-3,1	0	2,7	-6,5	1,9
PMI innovazione in-house (% tot. PMI)	1,0	-2,6	-0,6	-	0,5	5,2	-0,8
PMI innovazione collabor.esterna (% tot. PMI)	1,7	3,7	-2,3	11,1	-3,7	2,1	2,5
Popolazione con istruzione terziaria (% tot. pop. Età 30-34)	3,4	3,6	1,5	3,9	2,9	0,6	3,6

Fonte: EU Innovation Scoreboard 2015

TABELLA 7

Incentivi per la R&I
(Fonte: MiSE cit.)

Interventi agevolativi complessivi. Quadro di sintesi in milioni di euro (2008-2013)

	2008	2009	2010	2011	2012	2013	Totale cumul. 2008-2013
Domande approvate (n.)	110.191	69.190	89.365	52.875	139.837	54.091	515.549
Variazione %	-	-37,2	29,2	-48,8	164,5	-61,3	-
Agevolazioni concesse	9.635,2	5.333,8	4.624,0	4.552,4	3.625,4	4.013,6	31.784.6
Variazione %	-	-44,6	-13,3	-1,5	-20,3	10,7	-
Agevolazioni erogate	4.814,7	4.986,5	3.704,8	3.848,0	3.493,4	3.190,1	24.037,6
Variazione %	-	3,5	-25,7	3,8	-9,2	-8,6	-
Investimenti agevolati	38.363,1	26.474,6	15.840,4	14.987,3	12.044,8	12.004,2	119.714,3
Variazione %	-	-30,99	-40,17	-5,39	-19,63	0,34	-

Fonte: dati MiSE (esclusi gli interventi a garanzia)

TABELLA 8

Incentivi per la R&I
(Fonte: MiSE cit.)

Interventi agevolativi nazionali e regionali. Agevolazioni concesse per tipologia.
Periodo 2008-2013 (valori percentuali)

		2008	2009	2010	2011	2012	2013
Contributo in c/capitale c/impianti	Regionale	34,9	45,3	45,7	45,0	41,6	35,7
	Nazionale	3,0	8,0	24,4	4,2	0,0	0,2
Contributo in c/esercizio	Regionale	2,0	1,3	1,3	1,6	1,3	4,7
	Nazionale	0,2	0,4	0,4	0,3	1,4	0,4
Contributo in c/interessi c/canoni	Regionale	14,7	10,6	7,6	3,8	3,1	3,9
	Nazionale	4,7	9,4	13,0	18,3	21,3	15,2
Contributo misto	Regionale	26,1	20,9	24,1	11,3	30,9	22,0
	Nazionale	21,8	57,5	56,8	71,3	67,5	70,0
Credito di imposta/ bonus fiscale	Regionale	0,0	0,0	0,0	8,3	0,3	0,0
	Nazionale	68,9	20,8	0,1	0,1	1,3	5,8
Finanziamento agevolato	Regionale	13,1	13,1	13,0	20,7	17,8	29,3
	Nazionale	1,1	3,5	4,9	5,8	8,5	8,4
Partecipazione al capitale	Regionale	0,8	1,1	0,3	0,3	1,0	0,9
	Nazionale	0,2	0,4	0,4	0,0	0,0	0,0
Non specificato	Regionale	34,9	45,3	45,7	45,0	41,6	35,7
	Nazionale	3,0	8,0	24,4	4,2	0,0	0,2

Fonte: Elaborazioni dati MiSE

TABELLE   109

TABELLA 9

Strumenti statali d'incentivazione di R&S ed Innovazione (% sul totale)

Strumento	2013		2008-2013	
	Concessioni	Erogazioni	Concessioni	Erogazioni
FIT Fondo Inn.Tecn.	35,9	11,0	9,4	6,8
Industrializzazione progr. R&S	13,0			
Agevolazioni alla ricerca art.12-13	3,0	13,6	2,0	7,0
Agevolazioni alla ricerca art.14-16	0,8			
Agevolazioni alla ricerca art. 5-9-10	0,5	3,3		5,2
PIA Innovazione		1,7		3,5
Credito d'imposta L.296/06 c.280-283			7,3	12,3
Industria 2015 Eff. Energ. Mobil.Sost.			2,6	
Totale R&S&I	53,2	29,6	21,3	34,8
Totale complessivo agevolazioni	100	100	100	100

Strumenti regionali d'incentivazione di R&S ed Innovazione (% sul totale)

Strumento	2013		2008-2013	
	Concessioni	Erogazioni	Concessioni	Erogazioni
R&S&I	31,1	41,2	28,8	30,2
Totale complessivo interventi	100	100	100	100

TABELLA 10

Incentivi a R&I per obiettivo
(Fonte: MiSE cit.)

Interventi agevolativi complessivi per obiettivo. Quadro di sintesi in milioni di euro (2008-2013)

Agevolazioni concesse	2008	2009	2010	2011	2012	2013
R&S&I	2.528,6	3.102,6	2.352,1	1.438,1	1.356,8	1.411,9
Internazionalizzazione	494,6	416,4	352,6	363,1	374,0	408,3
Nuova imprenditorialità	464,4	426,1	471,8	294,9	301,9	301,0
Sviluppo produttivo e territoriale	5.906,8	1.365,4	1.066,5	2.259,6	1.085,6	1.453,7
Altro	162,4	9,0	72,7	60,9	128,2	153,0
Totale	9.556,9	5.319,4	4.315,7	4.416,7	3.246,5	3.727,9
Agevolazioni erogate						
R&S&I	1.778,7	1.909,8	1.575,3	1.222,2	1.789,9	1.475,8
Internazionalizzazione	244,3	223,3	271,1	317,2	293,5	269,8
Nuova imprenditorialità	454,6	422,9	277,7	289,7	216,8	206,2
Sviluppo produttivo e territoriale	2.197,5	2.297,2	1.355,7	1.820,1	900,9	980,7
Altro	93,3	92,0	79,6	62,0	64,6	57,6
Totale	4.768,5	4.945,3	3.559,5	3.711,1	3.265,6	2.990,2

Fonte: dati MiSE

TABELLA 11

Interventi agevolativi nazionali e regionali
(Fonte: MiSE cit.)

Interventi agevolativi nazionali e regionali. Agevolazioni concesse per obiettivo.
Periodo 2008-2013 (composizione percentuale)

		2008	2009	2010	2011	2012	2013
R&S&I	Nazionali	78,5	68,3	52,3	59,7	35,2	49,7
	Regionali	21,5	31,7	47,7	40,3	64,8	50,3
Internazionalizzazione	Nazionali	91,5	91,8	90,1	95,6	92,5	90,7
	Regionali	8,5	8,2	9,9	4,4	7,5	9,3
Nuova imprenditorialità	Nazionali	81,2	80,5	73,6	80,5	70,1	69,1
	Regionali	18,8	19,5	26,4	19,5	29,9	30,9
Siluppo produttivo	Nazionali	77,1	1,8	4,4	5,0	14,3	22,0
	Regionali	22,9	98,2	95,6	95,0	85,7	78,0

Fonte: Elaborazioni dati MiSE

TABELLE   111

TABELLA 12

Ripartizione percentuale della spesa
(Fonte: MiSE cit.)

Ripartizione percentuale della spesa in aiuti per obiettivi orizzontali in termini relativi al totale (2012)

	Totale degli obiettivi orizzontali	Tutela ambiente	Sviluppo regionale	Ricerca, sviluppo e innovazione	PMI	Formazione	Aiuti all'occupazione	Altri obiettivi orizzontali (e.g. cultura, disastri naturali, aiuti sociali, ecc.)
EU-27	74	21	18	14	4	2	4	36
Belgio	85	20	6	28	14	3	9	19
Bulgaria	40	-	20	2	0	0	10	68
Rep. Ceca	82	4	57	18	1	0	0	20
Danimarca	87	23	3	7	0	0	51	15
Germania	78	34	17	18	4	2	0	25
Estonia	52	12	30	0	1	0	0	56
Irlanda	67	7	27	11	3	3	2	47
Grecia	83	0	81	0	1	0	0	18
Spagna	64	24	16	19	2	0	0	39
Francia	69	2	21	14	6	0	0	57
Italia	71	3	25	16	7	9	3	37
Cipro	73	3	4	1	2	16	0	72
Lettonia	83	4	6	0	0	0	0	89
Lituania	57	3	37	4	1	1	5	48
Lussemburgo	77	12	2	36	11	-	-	40
Ungheria	74	1	22	15	0	1	16	45
Malta	29	-	15	1	0	3	6	74
Paesi Bassi	70	47	1	19	1	0	-	32
Austria	90	62	7	12	5	2	-	13
Polonia	60	0	26	3	0	3	26	41
Portogallo	57	1	22	21	6	1	1	47
Romania	68	56	10	1	0	0	0	32
Slovenia	85	20	26	18	0	1	18	18
Slovacchia	77	10	51	9	1	3	0	26
Finlandia	53	36	2	9	1	0	3	50
Svezia	92	81	3	3	0	1	0	12
Regno Unito	83	31	5	19	6	1	0	38

Fonte: Commissione Europea - *State Aid Scoreboard*

TABELLA 13
Incentivi regionali per obiettivo
(Fonte: MiSE cit.)

Interventi regionali per obiettivo. Quadro di sintesi in milioni di euro (2008-2013)

Agevolazioni concesse	2008	2009	2010	2011	2012	2013
R&S&I	543,5	983,4	1121,2	579,9	879,3	710,3
Internazionalizzazione	42,3	34,2	35,0	16,0	28,0	37,9
Nuova imprenditorialità	87,4	83,1	124,7	57,6	90,2	93,1
Sviluppo produttivo e territoriale	1353,4	1341,4	1019,8	2146,7	930,7	1133,7
Altro	82,5	84,8	374,6	195,9	420,6	306,8
Totale	**2109,1**	**2526,9**	**2675,2**	**2996,1**	**2348,8**	**2281,8**
Agevolazioni erogate						
R&S&I	291,0	433,3	582,9	471,5	593,4	657,2
Internazionalizzazione	24,3	12,7	25,0	14,7	15,2	25,8
Nuova imprenditorialità	57,8	86,3	23,2	47,7	41,1	47,8
Sviluppo produttivo e territoriale	1350,2	1197,1	632,1	1279,0	643,4	659,3
Altro	46,3	41,2	145,3	136,9	240,9	206,2
Totale	**1769,6**	**1770,7**	**1408,5**	**1949,8**	**1534,0**	**1596,4**

Fonte: dati MiSE

TABELLA 14
Tipi di interventi regionali
(Fonte: MiSE cit.)

Interventi regionali per tipologia. Agevolazioni concesse (milioni di euro)

	2008	2009	2010	2011	2012	2013
Contributo in c/capitale c/impianti	735,3	1113,0	1192,8	1321,0	970,7	813,5
Contributo in c/esercizio	42,9	32,4	32,9	48,2	30,5	106,3
Contributo in c/interessi c/canoni	309,4	259,9	199,0	112,8	72,7	88,9
Contributo misto	550,2	512,7	629,4	332,7	720,3	501,2
Credito di imposta/bonus fiscale	0,9	0,3	0,1	243,8	7,3	0,0
Finanziamento agevolato	275,8	322,6	338,0	608,5	415,8	667,9
Partecipazione al capitale	16,0	26,7	6,8	8,3	23,8	21,5
Altro	177,9	188,8	210,0	260,7	93,6	82,3
TOTALE	2108,3	2456,5	2609,0	2935,9	2334,8	2281,6

*Fonte: Elaborazione dati MiSE. * Il valore è inclusivo degli interventi a garanzia*

TABELLE 113

TABELLA 15

Indicazioni per una politica di R&I più efficace

Policy governance	Tracciare una strategia quantificata negli obiettivi e strumenti. Approccio olistico che coinvolge tutti i soggetti pubblici. Valutazione preliminare di trends tecnologici e skills. Vertice politico che definisce la politica; i ministeri MIUR e MiSE concorrono a disegnare la strategia ed assegnare risorse; un'Agenzia per l'attuazione.
Ruolo pubblico	Indirizzo generale, coordinamento e facilitazione della interazione tra gli attori del sistema d'innovazione, con supporto al finanziamento delle PMI, semplificazione delle procedure ed incentivazione fiscale. Coordinare istruzione, ricerca e formazione professionale innovativa. Disseminare R&I tra imprese. Finanziare servizi mirati d'innovazione alle imprese.
Attuazione della politica	Agenzia per l'attuazione con compiti operativi, comprendente Consigli scienza-imprese.
Stimolare l'offerta di R&I alle imprese	Collegare una quota delle risorse a università e ricerca ai loro progetti per le imprese. Costituire una Rete di centri di servizio alle imprese con università e ricerca. Premi a innovazione nelle imprese.
Sviluppare la domanda di R&I	Uso di regolamentazione e standards per forzare le PMI ad innovare. Una quota delle commesse pubbliche annuali vincolata a beni e servizi innovativi ed alto contenuto tecnologico. Impegnare la Rete accennata nella diffusione delle innovazioni tra le PMI.
Condizioni di contesto favorevoli	Rinnovare la cultura sociale nella direzione dell'intrapresa, innovazione e ricerca con apposite campagne di istruzione, formazione e divulgazione. Potenziare Poli di ricerca con forti benefici alle imprese innovative. Creare punto stabile di dialogo periodico tripartito con imprese e ricerca.
Più efficacia negli interventi	Potenziare il credito d'imposta da calcolare sulla consistenza per le piccole imprese innovative. Potenziare i benefici fiscali per gli investitori nelle PMI innovative. La Rete accennata assiste le PMI nella proposta e formulazione di progetti d'innovazione per il cofinanziamento UE. Assicurare a PMI benefici più intensi che ad altre imprese. Assicurare continuità e prevedibilità dei finanziamenti nel tempo.
Valutazione economica degli interventi	Potenziare la valutazione dei risultati economici e d'impatto degli interventi con commesse a commissioni di esperti esterni indipendenti. Potenziare raccolta dati su innovazione tra imprese.

GRAFICO 1

Fattori contribuenti alla crescita del PIL

Total economy, annual percentage point contribution, 1995-2013

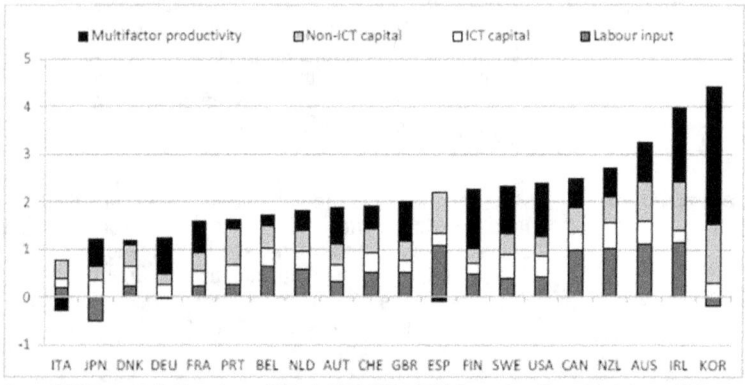

Source: OECD Productivity Database, January 2015, and OECD (2015a), OECD Compendium of Productivity Indicators, 2015.

GRAFICO 2

Incidenza delle imprese innovative
(Fonte: MiSE-SBA - Rapporto 2015)

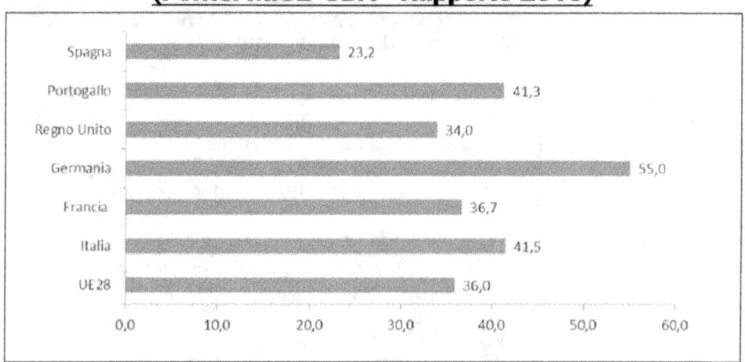

Quota percentuale di imprese innovative in senso stretto sul totale imprese
Fonte: EUROSTAT

GRAFICO 3

Incidenza delle imprese con innovazione di prodotto (Fonte: MiSE cit.)

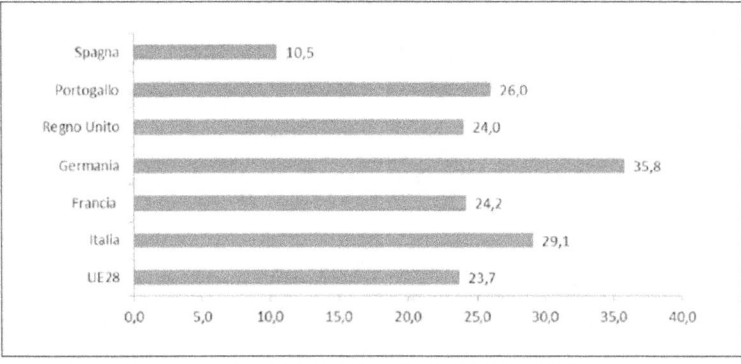

Imprese che hanno realizzato un'innovazione di prodotto sul totale imprese (%)
Fonte: EUROSTAT

GRAFICO 4

Incidenza delle imprese con innovazioni organizzative e marketing (Fonte: MiSE cit.)

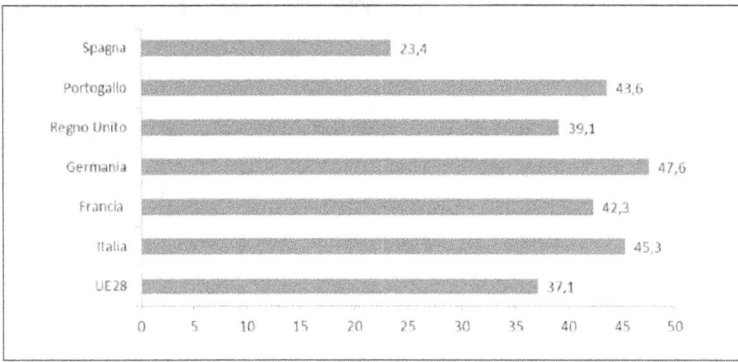

Imprese che hanno realizzato un'innovazione organizzativa e/o di marketing sul totale imprese (%)
Fonte: EUROSTAT

GRAFICO 5

Crescita dell'innovazione
(Fonte: MiSE cit.)

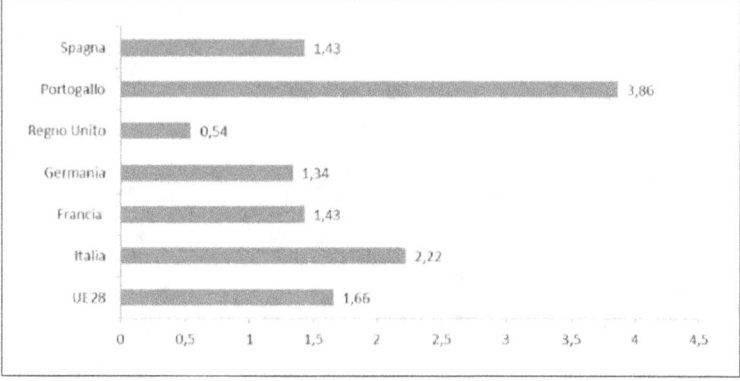

Tassi composti di crescita dell'indicatore sintetico di Innovazione (2006-2013)
Fonte: Innovation Union Scoreboard 2014

GRAFICO 6

Spesa pubblica in R&S
(Fonte: MiSE cit.)

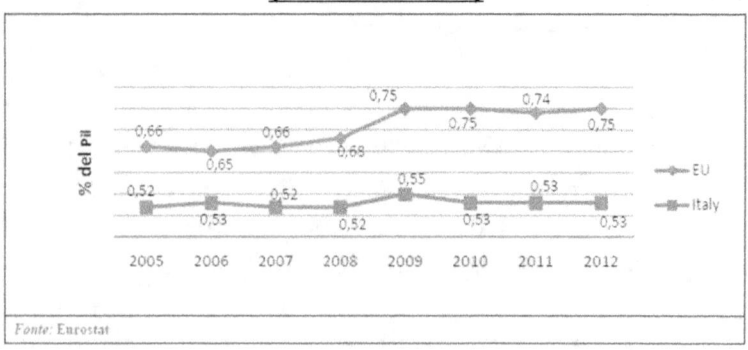

GRAFICO 7

Sostegno pubblico a R&S delle imprese
(in % del sostegno totale alle imprese e tassi annui di crescita)
(Fonte: OECD, R&D Tax Incentives: Design and Evidence, 2016)

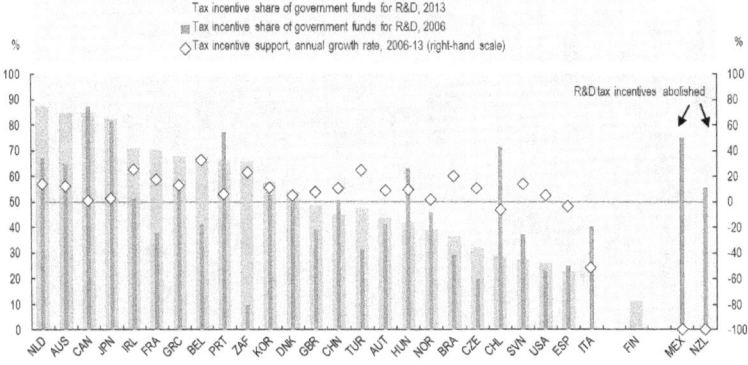

GRAFICO 8

Finanziamenti pubblici diretti e benefici fiscali
a R&S delle imprese (Anno 2013 – in % del PIL)
(Fonte: OECD, R&D Tax Incentives: Design and Evidence, 2016)

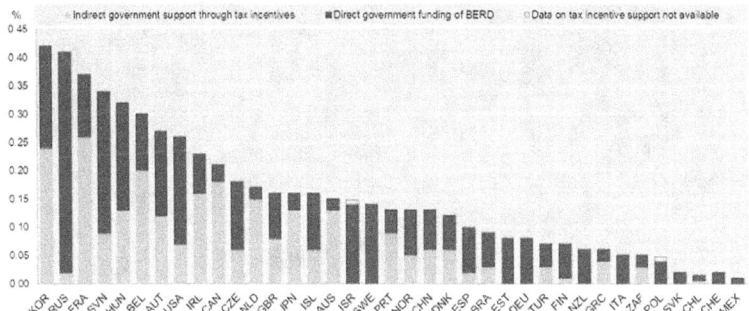

GRAFICO 9

Andamento tendenziale degli Incentivi alla R&I
(Fonte: EU Innovation Scoreboard 2014)

Trend State aid earmarked for research, development and innovation as a % of GDP

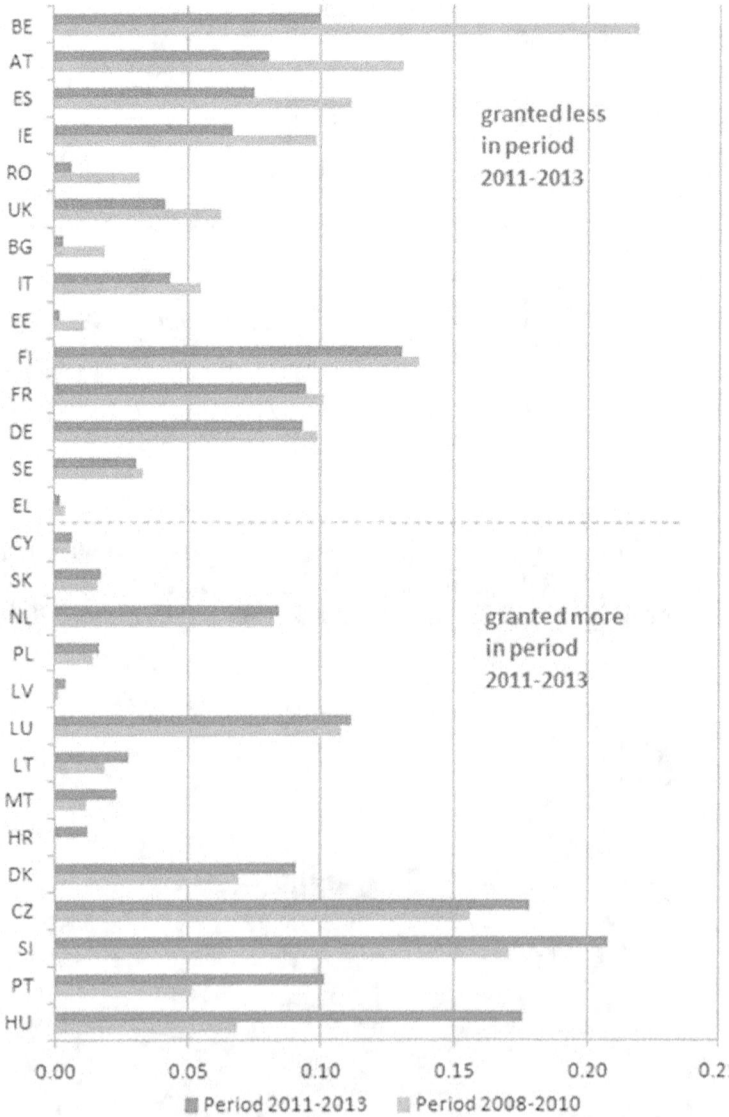

GRAFICO 10

Spesa del business in R&S
(Fonte: MiSE cit.)

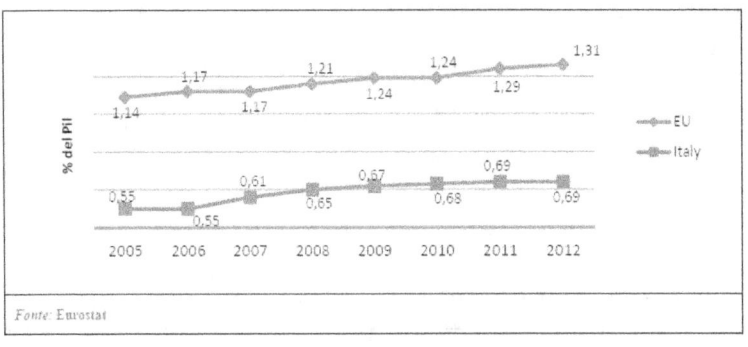

Fonte: Eurostat

GRAFICO 11

Interventi nazionali e regionali
(Fonte: MiSE cit.)

Agevolazioni concesse nel periodo 2008-2013 (milioni di euro)

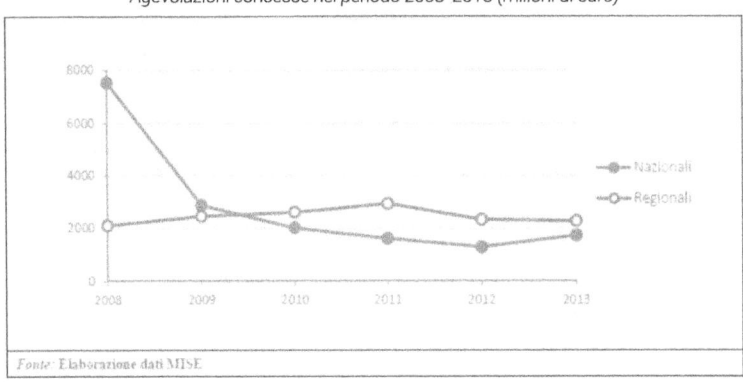

Fonte: Elaborazione dati MISE

GRAFICO 12

Incentivi a R&I per obiettivo
(Fonte: MiSE cit.)

Interventi agevolativi complessivi. Agevolazioni concesse per obiettivo (milioni di euro)

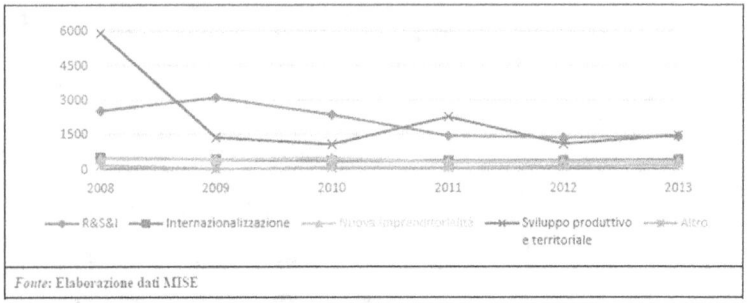

Fonte: Elaborazione dati MISE

GRAFICO 13

Interventi nazionali
(Fonte: MiSE cit.)

*Agevolazioni concesse per l'obiettivo "Ricerca e sviluppo e Innovazione" 2008-2016
(valori percentuali sul totale degli incentivi)*

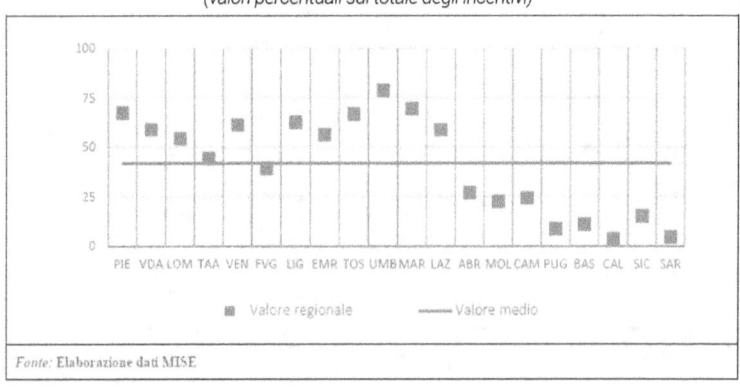

Fonte: Elaborazione dati MISE

GRAFICO 14a

Interventi regionali
(Fonte: MiSE cit.)

Interventi regionali. Agevolazioni concesse per obiettivi 2008-2013 (milioni di euro)

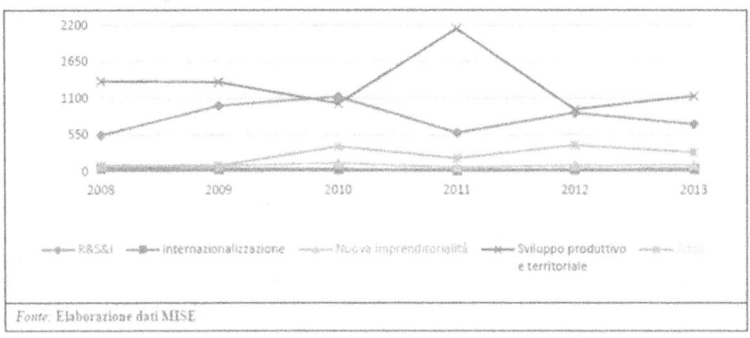

Fonte: Elaborazione dati MISE

GRAFICO 14b

Interventi regionali
(Fonte: MiSE cit.)

Interventi regionali. Agevolazioni erogate per obiettivi 2008-2013 (milioni di euro)

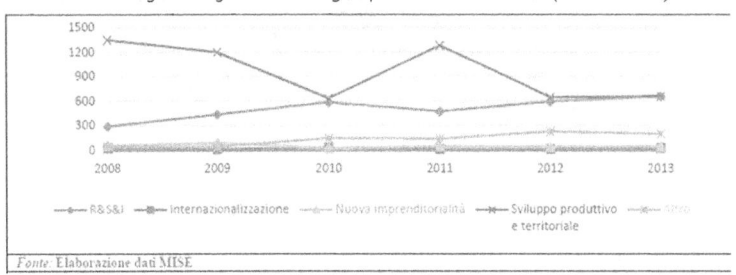

Fonte: Elaborazione dati MISE

GRAFICO 14c

Interventi regionali
(Fonte: MiSE cit.)

*Interventi regionali. Agevolazioni concesse ed erogate per l'obiettivo
"Ricerca, sviluppo e innovazione" 2008-2013 (valori % sul totale incentivi)*

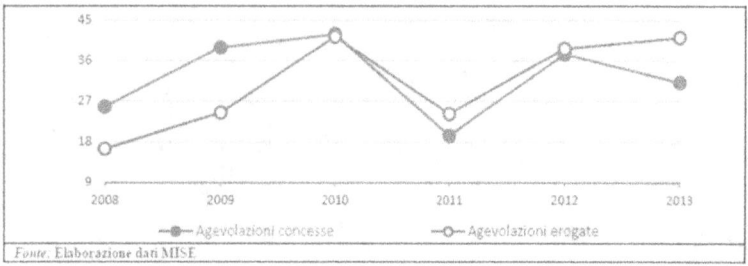

GRAFICO 15

Interventi regionali
(Fonte: MiSE cit.)

*Interventi regionali. Agevolazioni concesse per l'obiettivo "Ricerca, sviluppo e innovazione"
2008-2013 (valori % sul totale incentivi)*

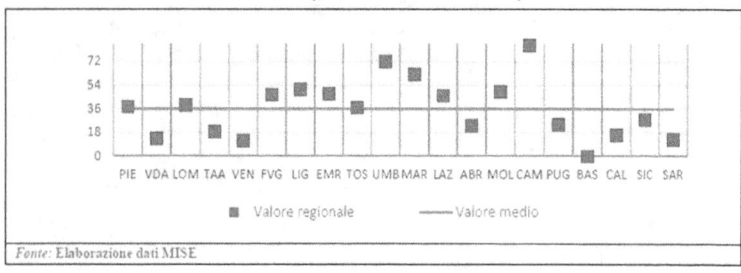

ELEMENTI PER UNA POLITICA EUROPEA DELL'INNOVAZIONE
di Giuseppe Pennisi

1. Premessa

L'analisi di Salvatore Zecchini in questo volume è il primo esame completo della politica sull'innovazione in Italia dal 2010. Mi ha riportato alla mente un mio lavoro di oltre trenta anni fa[1] in cui sulla base di dati quantitativi concludevo che la politica della ricerca riguardava al più "innovazione adattiva", ossia adattamento di ricerche effettuate all'estero ed "adattata" alla più semplice tecnologia italiana. Questo poscritto, basato più sulle mie esperienze professionali esercitate negli ultimi lustri che su un lavoro analitico di ricerca, è un primo raffronto tra le politiche industriali di Francia e Germania, per la costruzione di una politica per l'innovazione europea. Tale politica è stata sino ad ora articolata principalmente sul ruolo della concorrenza, elemento essenziale ma non sufficiente per promuovere l'innovazione. Mi soffermo in particolare sul *"Rapport Beffa"*, a mio avviso il documento più completo pubblicato in materia, anche se ormai datato (poiché finalizzato nel gennaio 2005). Tratto anche del *"Rapporto Bersani"*, ultimo esempio (a mia memoria) di documento complessivo su questi temi in Italia, ma ormai obliato (anche esso del 2005-2006).

2. Politica industriale in Germania e Francia:

Le politiche industriali di Germania e Francia sono le più esplicite nell'ambito dell'Unione Europea (UE). Sono anche quelle che dominano il dibattito europeo. Mentre la filosofia, per così dire, della politica industriale francese (su cui è stata in gran misura

---

(1) Giuseppe Pennisi, *Innovazione Tecnologica e Intervento Pubblico in Italia*, in "Rivista di Politica Economica", fasc.VIII-IX ago-set 1985

modellata quella italiana dagli Anni Sessanta alla fine degli Anni Ottanta) è abbastanza nota, lo è meno quella sottostante la politica industriale tedesca. È la politica industriale tedesca, tuttavia, ad avere inciso profondamente sul Trattato di Lisbona (tramite l'"economia sociale di mercato", posta al centro della costruzione europea) e sulla politiche industriali di numerosi Stati neocomunitari dell'Europa centrale ed orientale. È poco conosciuta in Italia non solamente per ragioni linguistiche ma in quanto non usa esprimersi in "Rapporti" periodici al Governo o all'Assemblea Nazionale, come nel caso di quella francese.

In Italia, la "vulgata" corrente è che la Repubblica federale tedesca si opponga all'idea stessa di politica industriale europea ed a maggior ragione di politiche industriali nazionali. È una vulgata che non ha alcuna base concettuale. In Germania, è vero, c'è una forte ripresa dell'"ordoliberismo" (il liberismo delle regole, ma di regole che siano poche e semplici, non di guazzabugli che hanno spesso caratterizzato la politica dell'industria in Italia come sottolineato da Giuliano Amato in un suo libro del lontano 1976[2]), tanto che – come ha sottolineato *The Economist* il 9 maggio 2015 – quattro dei cinque componenti del Comitato dei consiglieri economici del governo federale hanno matrici "ordoliberiste".

È doveroso dire che, negli ultimi tempi, l'ufficio in Italia della Konrad Adenauer Stiftung (Kas) ha fatto molto per fare conoscere l'"economia sociale di mercato" in corsi seminariali organizzati in partnership con un'universitaria paritaria (la Lumsa) ed una delle università pontificie (la Lateranense). Nel recente passato (nel 2009-10), io stesso ebbi l'occasione di lavorare con economisti e politologi tedeschi, nell'ambito di un programma della Kas e della Fondazione Fare Futuro, caratterizzato da seminari a Roma ed a Berlino ed una sessione finale di tre giorni a Villa Collina (la residenza estiva di Konrad Adenauer sul lago di Como). Il prodotto fu un cofanetto di volumetti pubblicati dall'Editore Rubbettino in tedesco ed in italiano: riguardano non solo argomenti economici,

---

(2) Giuliano Amato, *Il Governo dell'Industria in Italia*, Bologna, Il Mulino, 1976

ma anche politici ed istituzionali; sono disponibili all'ufficio romano della Kas – possono essere utili a chi vuole affrontare queste tematiche.

C'è una folta letteratura recente in italiano; ad esempio, un saggio molto sintetico ma efficace di Flavio Felice (Rubbettino 2008) e l'antologia di scritti "ordoliberisti" curata da Francesco Forte nel 2014. Utilissima anche la recente pubblicazione in italiano di *Produzione e Produttività* di Friedrich A. von Hayek (da parte dell'Istituto Bruno Leoni) per toccare con mano come una politica industriale di mercato sia non solo perfettamente compatibile con l'"ordoliberismo" tedesco ma sia stata attuata con efficienza ed efficacia al fine, ad esempio, di ampliare (tramite incentivi tributari) la dimensione media delle azione negli anni di preparazione all'unione monetaria.

Ho citato le agevolazioni tributarie *erga omnes ac omnia*, quindi non distorsive della concorrenza, per giungere ad un ampliamento delle dimensioni medie delle imprese tedesche (soprattutto manifatturiere). A livello federale, è doveroso ricordare il programma definito con i sindacati per la ristrutturazione della maggiore industria del Paese, la Volkswagen. Soprattutto, però, l'azione incisiva è a livello dei Länder. Qui, la politica partitica si tiene ad passo di distanza: le strategie, a livello dei singoli Länd, vengono attuate tramite la collaborazione tra associazioni di datori di lavoro, sindacati, *Landesbanken* e *Landeskasse*. Ricordo a riguardo un dibattito da me organizzato a Bologna circa vent'anni fa (su politica industriale a livello locale tramite Casse di Risparmio, Banche Popolari e Istituti di credito cooperativo in Italia, da un lato, e *Landesbanken* e *Landeskasse* in Germania, dall'altro) tra Stefano Zamagni e Padmanabh Gopinath (economista indiano che allora dirigeva l'Istituto Internazionale di Studi Sociali a Ginevra).

I maligni dicono che questa è una delle ragioni, ove non la fondamentale, per cui le *Landesbanken* e *Landeskasse* sono sottratte alla vigilanza della Banca centrale europea (Bce). Forse occorre chiedersi se dalle *Landesbanken* e *Landeskasse* non si sarebbe potuta trarre qualche utile lezione nel riassetto delle nostre Banche

Popolari e dei nostri Istituti di Credito Cooperativo. Può essere utile ricordare che c'è una buona dose di "ordoliberismo" nell'Appello Politico agli Italiani dell'Osservatorio Internazionale Cardinal Van Thuan sulla Dottrina Sociale della Chiesa (un comitato internazionale di matrice cattolica) pubblicato da Cantagalli Editore nel 2014, poco prima le elezioni europee.

In Francia sia il *"Rapport Beffa"* sia il più recente *"Rapport Gallois"* (2012) riflettono chiaramente una politica industriale "colbertista", dal nome di Jean-Baptiste Colbert, il Ministro delle finanze e dell'economia dei tempi di Luigi XIV che sta riacquistando notorietà nell'Italia di oggi. Il suo nome è circolato frequentemente nel 2004-2005 all'indomani di un discorso pronunciato a Pesaro dall'allora Ministro dell'Economia e delle Finanze, Giulio Tremonti, a proposito dell'adesione della Cina all'Organizzazione Mondiale del Commercio (Omc) e dalle implicazioni che ciò comportava in materia di applicazione dei principi di reciprocità e di non discriminazione (i due pilastri dell'Omc). È stato ascoltato anche in occasione dello sciopero proclamato dalla Cgil sui problemi dell'industria manifatturiera in generale e della metalmeccanica in particolare. È riecheggiato nelle richieste e delle tre maggiori sigle sindacali e della Confindustria a proposito di "politica industriale" per le aziende in crisi.

Colbert fu un uomo di stato di multiformi attività. Da Segretario alla Marina, potenziò la flotta, modernizzò i cantieri navali e aprì rotte sull'Atlantico per creare *"Nouvelle France"*, la prima colonia francese in quello che è oggi è il Canada. Accademico di Francia, fu anche uomo di lettere (creò l'*Académie Royale de Musique*, primo teatro dell'opera e sala di concerti statale) ed urbanista; guidò il riassetto di molte città francesi e fondò l'*Académie de France* a Villa Medici a Roma. È ricordato, però, principalmente per il suo ruolo nell'economia: fautore dell'intervento pubblico, riorganizzò le autonomie locali ed il sistema tributario (abrogando esenzioni e deduzioni); adottò una politica per attirare in Francia lavoratori stranieri con professionalità che mancavano nel Regno (per le banche, la finanza, l'industria nascente); attirò tra l'altro numerosi banchieri italiani; mise, soprattutto, in atto una strategia mercantilista diretta a potenziare l'export e proteggere, con dazi e contingenti, le manifatture nazionali.

Un pianificatore o un liberista? Nel contesto del Seicento francese, deve, paradossalmente, essere considerato un liberalizzatore a fronte della frammentazione di mercati locali regolati da interessi particolaristici, del pensiero "bullionista" ancora imperversante (favorevole alla più ampia circolazione di moneta nei confini del territorio nazionale ed alla "cattura" di metalli preziosi) e del protezionismo pure più spinto (si pensi all'Atto di Navigazione che vietava l'import di merci non trasportate su navi di Sua Maestà Britannica) vigente sull'altra sponda della Manica. In breve, sempre nel contesto dell'epoca, un liberale nazionale favorevole ad uno Stato decisamente regolatore e, quindi, anche ispettore.

Come Faust, il Colbert economico aveva, però, due anime. Dato che era (si direbbe oggi) "un uomo del fare", piuttosto che del teorizzare, non lasciò nessuno scritto organico; quindi, le sue anime vanno ricavate dai suoi "decreti". L'anima liberale-regolatoria (nel quadro della Francia del Seicento) traspare dal rigore delle misure contro la contraffazione e la corruzione (della pubblica amministrazione e dei concessionari di esazione delle imposte). Quella nazionale-mercantilista dalla tariffa doganale e dagli incentivi (su base non discriminatoria, grande segno di modernità a quell'epoca) per l'industria francese. Le due anime hanno dato origine a due filoni distinti; ambedue si riconoscono in Colbert, pure nella madre-Patria, ma non si amano; anzi, come avviene in molte famiglie, da oltre tre secoli litigano per l'eredità (il nome) dell'illustre antenato.

Un filone ha sempre promosso la teorizzazione e razionalizzazione dell'intervento pubblico dell'economia; nella stessa Francia ha prodotto la *"programmazione indicativa"* ed il Commissariato al Piano, metodi e strumenti a cui si abbeverarono molti economisti italiani all'inizio degli Anni Sessanta.

Un altro filone è quello dove a cui si ispirò Frédéric Bastiat. Liberista integrale, anzi integralista (nonché padre della roccaforte liberista viva e vegeta nell'Università di Aix en Provence), Frédéric Bastiat definì, prima degli economisti scozzesi, le condizioni essenziali per un mercato funzionante: una "soglia minima" di simmetria di posizioni e di informazioni. In breve, il mercato produce benessere solo se nessuno bara, almeno per quanto attiene alle regole di base. Per molti aspetti, fu un precursore degli "ordoliberali" tedeschi.

In materia di politica industriale e commercio internazionale, la divisione tra i due filoni di eredi di Colbert è netta. Un filone ha dato vita ad una scuola di pensiero ed azione nettamente protezionista ed a favore di industrie decotte e carrozzoni per tenerle in vita (pur se solo vegetativa); in Italia iniziò a prendere piede già nel 1878 con la tariffa doganale Luzzatti[3], proseguì negli Anni Trenta e riapparve negli Anni Settanta con gemme quali la "legge Prodi" e la netta chiusura di numerosi ambienti culturali alle liberalizzazioni, pure a quelle conseguenti gli accordi di cambio europeo del 1978. La seconda, invece, ha rappresentato il filone che ha scelto l'apertura dell'economia italiana al mercato internazionale ed ha tenuto duro anche nell'esperimento di "solidarietà nazionale" che ha portato alla dilatazione dell'intervento e della spesa pubblica ed a progressive svalutazioni. A livello internazionale, è alla base dalla filosofia del Gatt prima dell'Omc (Organizzazione Mondiale del Commercio) poi – ambedue basate sui principi della non-discriminazione e della reciprocità in materia di commercio internazionale. Dall'inizio degli Anni Ottanta, però, risoluzioni parallele dell'Omc e dell'Organizzazione Internazionale del Lavoro (Oil) affermano che tali principi devono essere applicati tenendo conto di "soglie invalicabili", sotto il profilo sia economico sia morale: non si possono aprire le porte del commercio internazionale a chi bara sfruttando il lavoro minorile, il lavoro coatto, la schiavitù ed a chi non mantiene standard minimi di regole lavoristiche e sanitarie (per l'appunto le convenzioni "fondamentali" dell'Oil).

---

(3) Paolo Pecorari, *Il Protezionismo Imperfetto - Luigi Luzzatti e la tariffa doganale del 1978*, Venezia, Istituto Veneto di Scienze ed Arti, 1989

3. IL RAPPORTO BEFFA

Il documento è stato commissionato dal Presidente della Repubblica francese, Jacques Chirac (a cui è stato presentato il 15 gennaio 2005) ad un gruppo di esponenti del mondo dell'industria, nonché di economisti, guidato dal Presidente ed Amministratore Delegato dalla Compagnie Saint Gobain, Jean-Louis Beffa. L'incarico era stato conferito il 30 settembre 2004; quindi, il documento (45 pagine a stampa fitta, con l'aggiunta di alcune appendici) è stato redatto nel giro di poche settimane. Occorre fare un riferimento al quadro politico generale: il documento di situa in un contesto di progressivo allentamento della stretta collaborazione industriale tra Francia e Germania e, per alcuni aspetti prelude alla più stretta collaborazione tra Francia ed Italia, al centro tra l'altro del "vertice" tenuto a Roma 25 gennaio del 2005, un percorso per molti aspetti ancora attuale.

Le difficoltà nella collaborazione industriale franco tedesca
Tali difficoltà sono in corso da anni. La primavera 2004, l'allora Ministro dell'Economia della Repubblica Federale, Wolfgang Clement, aveva fatto inalberare il suo omologo francese dell'epoca, Nicolas Sarkozy quando aveva bloccato il tentativo della Sanofi di acquisire il controllo della Aventis. In luglio, Sarkozy lo aveva ripagato pan per focaccia, impedendo alla Siemens di conquistare, con un'OPA ostile, la Alstom, un tempo uno dei gioielli della République in tema di grandi lavori ma ora in crisi di liquidità.
I rapporti tra i due Paesi, e quelli interpersonali tra i due Ministri, sono diventati così tesi che è saltato il vertice annuale tra i Capi dei due Governi, in calendario nell'estate 2004. In ottobre 2004, Clement e Sarkozy hanno ostentato una riappacificazione e tentato di definire un programma comune franco-tedesco di politica industriale volto alla creazione "campioni europei" (un eufemismo per dire franco-tedeschi) con cui rispondere alle sfide della globalizzazione.
I settori prescelti sarebbero stati l'aerospaziale, l'informatica, le comunicazioni, i grandi lavori, l'agroalimentare. Se ne è fatto, però, molto poco. Sono, però, aumentate le diffidenze tra le due sponde del Reno. Ed è proprio su cose concrete (elettricità, banche) che ora Parigi sta impostando una maggiore collaborazione con Roma. Temi specifici: accordi per dieci navi, accordo sui satelliti con Finmeccanica, uno "scambio politico" tra revisioni dei limiti della partecipazione di Edf in Energia e partecipazione dell'Enel ad entrare nel nucleare della terza generazione (progetto europeo per la costruzione del reattore a acqua pressurizzata),

braccia aperte perché Roma abbia, con Parigi, un ruolo leader nella nuo-
va Agenzia europea per l'innovazione proposta proprio dal "Rapporto
Beffa".
   Negli ultimi mesi, l'acquisizione da parte di Vivendi di una quota signi-
ficativa di Telecom Italia e la possibile partecipazione sempre di Vivendi a
Mediaset hanno suscitato l'impressione di un possibile polo mediterraneo
franco-italiano nelle comunicazioni e nei media.

Il "Rapporto Beffa" analizza in dettaglio le condizioni dell'industria francese (specialmente della "grande industria") e sottoli-
nea come, nel contesto dell'integrazione economica internazionale, sia a forte rischio di perdita di competitività. Ribadisce la scelta secondo cui la Francia deve restare un Paese a forte impianto
manifatturiero – in altri termini, non deve seguire un percorso di
de-industrializzazione ed enfasi sul terziario adottato dalla Gran
Bretagna e da alcuni Paesi di piccole dimensioni (ad esempio, Irlanda) negli Anni Ottanta. Giustappone il modello di intervento
pubblico in campo industriale seguito implicitamente dalla Francia negli ultimi decenni con i modelli adottati, invece, da Stati
Uniti e Giappone, concludendo che, pur se nel contesto europeo si
possono recepire elementi sia del primo sia del secondo, nessuno
dei due è adatto alla storia socio-istituzionale e, quel che più conta,
alle condizioni dell'industria manifatturiera in Europa in generale
ed in Francia in particolare. Tuttavia "oggi il tridente 'pubblico'
francese – ricerca pubblica, imprese pubbliche, commesse pubbliche – non può essere più seguito a ragione dell'apertura dell'economia agli scambi internazionali ed alle regole della costruzione
europea".
   Viene, quindi, proposto *"un rinnovamento della politica in-*
dustriale articolato sulla promozione pubblica di programmi tec-
nologici industriali a lungo termine, con azioni da attuare prin-
cipalmente allo stadio pre-concorrenziale, ossia della ricerca di
base". Misure specifiche indicate sono: a) un partenariato pubblico privato (in cui le imprese finanzino il 50% dei costi della
ricerca) per meglio coordinare e focalizzare i programmi specifici
(la cui durata dovrebbe essere tra i cinque ed i dieci anni) da chia-

marsi *"programmi mobilizzatori per l'innovazione industriale"* (con un finanziamento pubblico tra i 30 ed i 50 milioni di euro per progetto e per anno); b) un'attenta attività di identificazione, valutazione e selezione dei *"programmi mobilizzatori"* da parte delle strutture tecniche della pubblica amministrazione; c) la creazione di un'*Agenzia per l'innovazione industriale* nell'ambito della Presidenza del Consiglio (con una dotazione di 6 miliardi di euro); d) la proposta, da parte della Francia, per l'istituzione di un'Agenzia europea ad essa analoga con il compito di definire programmi mobilizzatori a livello europeo seguendo parametri e criteri coordinati di identificazione, valutazione e selezione. L'Agenzia francese è stata creata e, di recente, sono state prese iniziative per una collaborazione franco-italiana, specialmente nel settore agro-alimentare. Di Agenzia europea si è parlato nel 2005-2008 quando la crisi economica e finanziaria ha causato il dirottamento di energie ed attenzione verso altri temi. Sta riaffacciando nel recente Piano Juncker ancora in corso di definizione.

Il "Rapporto Beffa" contiene una serie di indicazioni ancora utili alla messa a punto di una strategia di politica industriale europea. Occorre tuttavia tenere presente che ci sono differenze importanti tra la struttura industriale della Francia e quella dell'Italia. Il nostro Paese è stato tradizionalmente aperto al commercio internazionale sin dagli anni immediatamente successivi alla seconda guerra mondiale, mentre la Francia, come si è visto, è colbertianamente protezionista. L'industria francese è dominata da grandi imprese anche in settori ad alto valore aggiunto e forte carica innovativa. Quella italiana è caratterizzata da piccole e medie imprese; anzi, dalla metà degli Anni Ottanta la maggiore carica innovativa è stata quella dimostrata dalle piccole e medie imprese che sono diventate la struttura portante del nostro processo di internazionalizzazione.

Le multinazionali italiane

L'economia italiana ha, infatti, tradizionalmente un alto grado di apertura al commercio internazionale: l'export è pari al 23% del p.i.l. e l'import al 20%. Tuttavia, l'internazionalizzazione è stato fenomeno rela-

tivamente tardivo, e accentuato unicamente a partire dalla seconda metà degli Anni Ottanta. Sino ad allora, in effetti, vincoli valutari – oltre che una chiusura relativamente forte della società italiana rispetto al resto del mondo – facevano sì che, nonostante l'alto grado di apertura al commercio internazionale, l'Italia fosse tra i sette maggiori Paesi industriali uno dei meno globalizzati: ancora nel 1985, l'Italia era, con il Canada, il solo tra i grandi Paesi industriali a presentare un saldo negativo nella bilancia tra investimenti diretti all'estero in uscita ed in entrata, mentre oggi tale bilancia è sostanzialmente in pareggio in quanto gli investimenti diretti italiani all'estero sono cresciuti di ben due volte e mezzo nell'arco degli ultimi dieci anni.

Alla metà degli Anni Novanta, erano ben 445, le "multinazionali" a base italiana, ossia i gruppi o le imprese autonome che partecipano in almeno un'impresa industriale all'estero dotata di stabilimento produttivo. All'ultima conta 4.541 imprese italiane hanno partecipazioni in oltre 15.000 imprese estere (con un totale di oltre 1.100.000 dipendenti) ed un fatturato di 265.625 milioni di euro; 4.600 imprese italiano hanno partecipazioni di controllo in imprese estere (per 900.000 dipendenti ed un fatturato di 211.000 milioni di euro). Una caratteristica dell'Italia, rispetto ad altri Paesi, è che le "multinazionali" italiane hanno spesso una base "nazionale" di media portata – oltre la metà hanno in Madrepatria meno di 500 dipendenti.

Una politica di "campioni europei", quindi, comporta opportunità e rischi: le prime possono essere riassunte in una gamma di opzioni positive di ingresso in nuove filiere di processo e di prodotto (ad esempio in tema di energia anche nucleare); i secondi sono, invece, quelli di restare in un ruolo secondario e subordinato rispetto a partner, come i francesi, di maggiori dimensioni e più agguerriti sotto il profilo tecnologico e manageriale. Tuttavia, vale probabilmente la pena prendere "rischi calcolati", specialmente in quanto l'Italia (al pari di Francia e Germania) non ha alternative ad una strategia produttiva fondata su industria manifatturiera ad alto valore aggiunto: a differenza della Gran Bretagna, dell'Irlanda e di altri Paesi non disponiamo della dote naturale di una lingua internazionale (e di una tradizione mercantile-finanziaria anch'essa internazionale) da consentirci di trasformarci in una grande piazza mercantile. In un contesto di integrazione economica internazionale, settori come il turismo saranno sempre più ad alti costi relativi ed a basso valore aggiunto.

4. Il Rapporto Gallois

Mentre nel 2005 e negli anni immediatamente successivi, il "Rapporto Beffa" ha avuto una notevole eco in Italia (sono stati pubblicati brevi saggi e si sono tenuti dibattiti), il "Rapporto Gallois", pubblicato il novembre 2012 è passato quasi inosservato nel nostro Paese. Il primo guarda alla politica industriale in una fase in cui la crisi economica e finanziaria era lontana (ma si avvertiva già un rallentamento dell'economia reale europea), mentre il secondo tratta temi molto simili ma dopo quattro anni di crisi (ed il cambio di inquilino all'Eliseo) e quando le previsioni indicavano una debole ma progressiva uscita dalla crisi. Occorre ammettere che, in quel periodo, in Italia si andava verso elezioni di Camera e Senato e l'attenzione era, quindi, rivolta essenzialmente a temi interni. Inoltre, la stessa pubblicistica francese mostrava il "Rapporto Gallois" principalmente come un ponte verso (la politica industriale de) la Germania, glissando, però, sulle differenze, profonde e radicate, riassunte in precedenza.

A differenza di Beffa (da sempre nel settore privato), Louis Gallois è un alto funzionario pubblico: Commissario generale agli investimenti. Sulla base dell'incarico specifico – il documento intitolato Patto per la competitività dell'industria francese – la Francia ha poi adottato una serie di misure per cercare di rilanciare il settore industriale. Il rapporto è utile sia perché fornisce un'analisi completa della condizione in cui versa un Paese europeo importante come la Francia, sia perché mostra i limiti delle politiche economiche e degli obiettivi di uno Stato nazionale che, in quanto tale, risponde esclusivamente al proprio elettorato.

Innanzitutto, l'eco che il "Rapporto" ha suscitato in Francia, e il fatto stesso che sia stato commissionato, sono un'ulteriore prova del fatto che, rispetto alla logica dominante prima della crisi, il futuro dello sviluppo economico non è più pensato in termini di ampliamento del settore dei servizi, in particolare di quelli finanziari, considerati anche nel "Rapporto Beffa" assolutamente prioritari, ma si cerca di perseguire un rafforzamento del settore manifatturiero. Si torna a capire che la produzione manifatturiera comporta anche una serie di ricadute importantissime per il "sistema-Paese", a partire dall'accesso alle tecnologie più avanzate e sofisticate, e che (come dimostrano la Cina e la Germania) è strategico sviluppare la propensione alle esportazioni e alla creazione di alto valore aggiunto.

Il rapporto parte da un'analisi dei dati macroeconomici che fanno stimare a Gallois che la Francia si trovi in condizioni prossime ad una soglia critica, superata la quale la minaccia di destrutturazione dell'apparato industriale diventerebbe reale. La Francia è infatti passata da un rapporto del valore aggiunto nel manifatturiero del 18% nel 2000 a poco più del 12,5% nel 2011 e si colloca al 15° posto nell'eurozona in quanto "potenza industriale". Secondo il documento, i Paesi europei più avanzati sono, sotto questo profilo, la Germania (26,2%), la Svezia (21,2%) e l'Italia (18,6%). Complessivamente la Francia ha perso due milioni di posti di lavoro nel ramo industriale che nel 2000 rappresentava il 26% dell'occupazione mentre nel 2012 nei sfiorava il 12,6%, cioè la metà. Queste cifre mostrano che c'è, anche, un problema di economia comportamentale che si è venuta a creare: uno dei luoghi comuni da sfatare è che il lavoro nel settore industriale oggi sia meno redditizio rispetto a quello nel settore dei servizi. La Francia si trova quindi, con il problema di dover cercare di aumentare il numero degli ingegneri, dei tecnici, degli operai, dei ricercatori scientifici.

La Francia è passata dall'essere un Paese esportatore nel 2000, sebbene con una eccedenza lieve rispetto alle importazioni, ad essere un Paese importatore con un consistente deficit di 70 miliardi nella bilancia dei pagamenti. L'eurozona è il maggior mercato di sbocco per i francesi, ma, nonostante ciò, la Francia rappresentava nel 2012 solo il 9% (12% nel 2000) delle esportazioni interne all'eurozona mentre ad esempio la Germania rappresenta il 22% (20% nel 2000).

Quali sono le ragioni della perdita di quote di mercato così ampie? Secondo il documento, la Francia sembra schiacciata da un lato dal modello tedesco, il cui settore industriale è posizionato su un segmento di gamma e di valore aggiunto superiore meno sensibile al fattore prezzo ed è sostenuto da una politica economica che permette un contenimento dei costi (anche per effetto dei bassi salari nei servizi, inconcepibili in Francia) che avvantaggiano ulteriormente le imprese, i cui margini di profitto superiori favoriscono la crescita degli investimenti.

Dall'altro lato, dai Paesi emergenti che hanno costi unitari di produzione ancor più bassi e che al tempo stesso sono sempre più in grado di produrre beni di valore aggiunto sempre maggiore e con contenuto tecnologico sempre più elevato.

Secondo il "Rapporto", la reazione dell'industria francese rispetto a questa duplice concorrenza è stata quella di cercare di preservare la competitività dei prezzi a discapito della sua competitività globale: i margini operativi lordi si sono così abbassati dal 30% al 21% nel periodo 2000-2011, mentre nello stesso periodo in Germania crescevano del 7%. Di conseguenza il tasso di autofinanziamento è crollato dall'80% al 65%, quando in Europa è vicino al 100%. Gli investimenti per aumentare la produttività e l'innovazione del processo di produzione sono calati drasticamente e le imprese francesi, fatti salvi alcuni settori di punta, hanno perso terreno rispetto alle migliori industrie europee.

A detta di Gallois e dei suoi collaboratori, il primo settore su cui la Francia deve intervenire per invertire il trend negativo è dunque quello della ricerca, dell'innovazione e della formazione. La spesa statale francese in R&S è tra le più alte in assoluto (2,24% del Pil), ma allo stesso tempo è bassa la quota degli investimenti privati (solo l'1,4% del Pil, ossia la metà rispetto ai Paesi scandinavi e alla Germania e molto inferiore in generale alla media dell'eurozona). Inoltre, mentre in Germania il 5,4% delle imprese tedesche ha beneficiato di finanziamenti pubblici per la ricerca e lo sviluppo, in Francia ciò è accaduto solo per l'1,4%. delle aziende Questo significa che la spesa statale francese in R&S è poco orientata al sostegno del settore industriale, che così somma le due difficoltà, quella ad ottenere finanziamenti statali e il basso tasso di autofinanziamento.

Il "Rapporto" prosegue con un lungo elenco di criticità del sistema francese, che include la mancanza di medie imprese (il sistema è polarizzato tra grandi gruppi a vocazione internazionale e imprese troppo piccole, spesso a carattere familiare, per riuscire a svilupparsi e ad essere competitive sul mercato internazionale); una scarsa capacità di fare rete da parte delle imprese e un cattivo funzionamento delle filiere; una scarsa solidarietà territoriale; un'eccessiva delocalizzazione che ha fortemente destrutturato ampie filiere industriali; un mercato del lavoro che necessita di essere meglio organizzato per eliminare rigidità che pesano in taluni settori mentre in altri vige una totale mancanza di protezione. Il documento cerca di evidenziare i vantaggi del Paese su cui far leva per cercare di far ripartire il settore industriale, che vanno dalle eccellenze nazionali, ad un buon sistema di infrastrutture e servizi pubblici, ad un basso prezzo dell'energia elettrica, ad un'alta qualità della vita e ad una produttività oraria del lavoro ancora tra le più alte in Europa.

Sulla base di questi punti di forza, e con l'obiettivo di andare a correggere le debolezze, il "Rapporto" indica una serie molto dettagliata di proposte di riforme ed interventi che suggerisce al governo di avviare. Il quadro europeo, in questo contesto, è citato solo nella prospettiva di rafforzare le politiche comunitarie già in essere, concepite in un'ottica di coordinamento e cooperazione intergovernativa.

Nessun riferimento, quindi, al dibattito sui vincoli di bilancio derivanti dagli impegni assunti nell'eurozona, sull'ipotesi di un piano di sviluppo europeo, oltre che su parziali condivisioni del debito o progetti di partnership euro-mediterranea. Le proposte restano meramente nazionali, con tutti i limiti che le caratterizzano: ad esempio, sulla questione dell'energia, il rapporto tiene a sottolineare che lo sviluppo delle risorse rinnovabili non deve mettere a repentaglio il basso costo dell'energia, tant'è che gli investimenti suggeriti in campo energetico riguardano soprattutto il settore degli scisti bituminosi e del gas naturale. Non ci si pone quindi il problema di prevenire un effetto collaterale, il maggiore consumo energetico, legato all'auspicato aumento della produzione industriale, sacrificando così l'obiettivo di lungo periodo del risparmio energetico (strategico sotto molti punti di vista) in nome della competitività nel breve periodo. In questo senso basta fare un paragone con Paesi come la Cina, l'India e il Brasile che possono permettersi di tutelare i propri interessi anche di lungo periodo investendo largamente nel settore delle energie rinnovabili e sostenibili (basti pensare che la Cina è il Paese che investe maggiormente per le rinnovabili al mondo).

Più in generale, il "Rapporto", nel momento in cui affronta la questione di quale politica economica favorire tra la *demand side economy* e la *supply side economy*, mostra come il fatto di usare esclusivamente il criterio nazionale per valutare i vantaggi e gli svantaggi dei due approcci, impedisca un'analisi adeguata. Poiché si considera "importazione" anche ciò che proviene dagli altri Paesi dell'UE e si pone la questione che in un mercato unico i vantaggi del sostegno alla domanda interna ricadono anche sugli altri partner commerciali, la scelta deve per forza ricadere sulla supply side economy, e di conseguenza si suggeriscono misure per il sostegno alle imprese e all'esportazione, senza tenere adeguatamente conto i vincoli europei in materia di aiuti di Stato. Secondo il documento, le risorse devono essere reperite con un mix di tagli alla spesa pubblica e aumento delle imposte, con l'obiettivo di raccogliere in brevissimo tempo 30 miliardi di euro, l'1,5% Pil. L'ambizione di un grande piano di sviluppo si riduce, quindi, ancora una volta, alla decisione di puntare a sostegno alle imprese e conseguenti aumenti della tassazione.

6. IL RAPPORTO BERSANI

A mia memoria, l'ultimo "Rapporto" complessivo di politica industriale prodotto da un Governo italiano risale alla metà degli Anni Ottanta. Circa dieci anni fa, un nuovo "Rapporto" era stato predisposto dall'allora Ministro delle Attività Produttive e discusso nell'ambito di un comitato di consiglieri del dicastero. Non venne finalizzato a ragione del cambio di titolare del Ministero, a causa di un'improvvisa malattia del Ministro che lo aveva commissionato.

Nel 2006, il Ministro per lo Sviluppo Economico Pierluigi Bersani pubblicò "Industria 2015", un documento che indica linee strategiche, basandole su una concezione che integra la produzione manifatturiera con i servizi avanzati e le nuove tecnologie, in una prospettiva di medio-lungo periodo (il 2015). Non era un Rapporto complessivo di politica industriale per due serie di ragioni: a) all'inizio del decennio, una riforma costituzionale aveva trasferito alle Regioni numerose competenze in materia di politica industria; b) rappresentava il supporto concettuale di quella che sarebbe dovuta essere una normativa quadro, corredata da una serie di norme specifiche.

A ragione della fine anticipata della legislatura, solamente una parte di queste misure hanno visto la luce del giorno. Tuttavia, "Industria 2015" rappresenta un tentativo di rilievo di dare coerenza alla politica industriale dell'Italia in un'ottica prospettiva di medio-lungo termine.

L'obiettivo della politica industriale delineata da "Industria 2015" è l'uscita dalla situazione di crisi dell'economia italiana; il documento propone di raggiungerlo mediante la centralizzazione del ruolo dell'industria nell'ambito di una rinnovata attenzione (che coinvolga tutta la società e non solo la politica), ai temi dell'economia reale. Inoltre, nella comune presenza di personale italiano e immigrato, "Industria 2015" vede il tempo trascorso all'interno dell'impresa come un'occasione privilegiata per la pacifica integrazione di culture diverse

Gli strumenti sui quali ruota l'azione di "Industria 2015" sono: a) i progetti d'innovazione industriale; b) le reti d'impresa; c) la finanza innovativa. Secondo "Industria 2015" il sistema produttivo italiano del futuro dovrebbe camminare su "due gambe", costituite da:

1) una serie di meccanismi generalizzati per la riqualificazione ed il rafforzamento della Piccola e Media Impresa (PMI), da soste-

nere nella ricerca, nella riduzione dei costi, nella promozione degli investimenti e nella crescita dimensionale;

2) i nuovi sistemi di incentivazione "su misura": i Progetti di innovazione industriale (PII), da realizzarsi per singoli obiettivi strategici, individuando aree tecnologico-produttive con un forte impatto sullo sviluppo.

I PII sono lo strumento principale e più innovativo introdotto da "Industria 2015": sono concepiti in quanto basati sulla sinergia fra enti locali, università e centri di ricerca che operano sotto la guida di un singolo responsabile di progetto di comprovata esperienza nel settore strategico relativo. Un fondamento dei PII è la collaborazione tra amministrazioni centrali dello Stato che si concretizza, finanziariamente, nel coordinamento tra i Fondi per la ricerca e i Fondi per lo sviluppo per il finanziamento congiunto dei progetti. I PII sarebbe stati individuati in base alle linee strategiche di "Industria 2015", e dovrebbero possedere le seguenti caratteristiche:

1) focalizzazione sugli obiettivi di avanzamento tecnologico definiti nelle linee strategiche;

2) ricaduta industriale in termini di nuovi processi, prodotti o servizi;

3) integrazione di strumenti di aiuto alle imprese, azioni di contesto, misure di regolamentazione e semplificazione amministrativa;

4) coinvolgimento di grandi imprese, PMI, centri di ricerca;

5) sinergia dei soggetti pubblici responsabili delle azioni a sostegno, e particolarmente delle Regioni che sarebbero dovute intervenire nelle operazioni di finanziamento;

6) attenzione allo sviluppo delle imprese giovanili.

Le reti d'impresa avrebbero costituito un'alternativa per quelle aziende che vogliono aumentare la loro forza senza doversi necessariamente unire in una fusione o concentrazione oppure ricadere sotto il controllo di un unico soggetto. La loro base giuridica sarebbe un "Contratto di rete" che evidenzierebbe gli obiettivi strategici e le attività comuni che diano luogo al miglioramento della capacità competitiva ed innovativa sul mercato.

Nell'ambito di "Industria 2015" Il Ministero dello Sviluppo

Economico (di concerto con i ministeri dell'Economia e delle Finanze e della Giustizia), ha il compito di elaborare e presentare al Governo disegni di legge per definire queste nuove forme di aggregazione, seguendo i seguenti criteri:

• definire i requisiti di stabilità delle reti di imprese e le nuove forme di coordinamento e direzione al loro interno;

• verificare i loro effetti giuridici in relazione alla diversità di queste con i raggruppamenti ed i consorzi;

• prevedere la presenza di imprese straniere, disciplinando reti transnazionali sia europee che extra-UE;

• includere la possibilità che nelle reti di impresa possano confluire imprese sociali ed imprese senza fini di lucro.

Sulla base di "Industria 2015" sono stati istituti, utilizzando risorse esistenti in linee di finanziamento, due nuovi fondi pubblici per realizzare gli obiettivi di innovazione industriale e sostenere lo sviluppo del sistema produttivo italiano: a) il fondo per la competitività e lo sviluppo; b) il fondo per la finanza d'impresa. Questa è essenzialmente un'opera di razionalizzazione e di utilizzazione più efficace delle risorse. In questi anni di attuazione della normativa, i due fondi sembrano funzionare in linea con gli obiettivi.

7. IMPLICAZIONI PER LA POLITICA INDUSTRIALE DELL'ITALIA

"Industria 2015' ha numerosi punti in comune con il "Rapporto Beffa" ed il "Rapporto Gallois". Con le azioni di politica industriale tedesca – in gran parte esercitata a livello dei Länder ha in comune un unico punto: il tentativo di giungere, tramite le reti di impresa, ad un aumento della dimensione aziendale media (mantenendo, al tempo stesso, inalterata la caratteristica e la struttura familiare di numerose PMI italiane). A dieci anni quasi di distanza dalla sua redazione deve essere visto unitamente ad altri documenti, in particolare quelli sulle *tax expenditures*, analizzate in uno studio commissionato dal Governo Monti al Prof. Francesco Giavazzi, nonché in uno dei volumi della *spending review* commissionata dal Governo Letta al Dr. Carlo Cottarelli. Non mancano studi valutativi (con conclusioni spesso non incoraggianti) dell'esteso uso di interventi diretti per obiettivi puntiformi – imprenditoria giovanile, imprenditoria femminile, salvataggi di grandi aziende in dissesto, aiuti a medie aziende in crisi, promozione di energie alternative, e via discorrendo.

Dall'insieme di questi documenti, esce un caleidoscopio di difficile lettura su quali sono state le linee guida sottostanti la politica industriale italiana negli ultimi anni – in particolare quale sia il mix tra politica industriale "difensiva" (mirata a sostenere l'esistente oppure ad agevolarne una trasformazione lenta e graduale) e politica industriale "offensiva" (mirata esplicitamente al cambiamento). Non è neanche chiaro quali siano state le determinanti che abbiano indotto, in certi casi, ad utilizzare misure tributarie, aperte a tutti gli interessati e quindi non discriminatorie, ed in altri a interventi diretti – necessariamente selettivi e, dunque, discriminatori. Appare, però, che, nella realtà effettuale, la politica industriale italiana sia stata più vicina a quella che in Francia il "Rapporto Beffa" e, forse, in minor misura, il "Rapporto Gallois" hanno cercato di cambiare e modernizzare che a quella tedesca. Eppure è in gran misura con l'industria manifatturiera tedesca che ci confrontiamo sul mercato europeo e su quello internazionale. Il "Rapporto Bersani" "Industria 2015" è, come si è visto, il maggior, e più coerente, tentativo di razionalizzare obiettivi e strumenti.

La prima conclusione è l'esigenza di passare da una politica industriale "difensiva" ad una "offensiva" che minimizzi gli interventi diretti (anche in quanto spesso origine di vertenze con l'UE in quanto aiuti di Stato o palesi o in maschera) e riduca e razionalizzi le *tax expenditures* in linea con le raccomandazioni dei documenti di Giavazzi e di Cottarelli.

Emergono comunque alcune indicazioni da esaminare. In primo luogo, per ridare slancio al manifatturiero italiano è necessario concentrare le risorse disponibili su una politica dell'innovazione. L'obiettivo dovrebbe essere quello di raggiungere la media europea di spesa per R&D entro tre anni. Si tratterebbe di una vera rivoluzione copernicana per un'Italia a cui non basta più essere considerata la Patria del bello per essere competitiva sui nuovi scenari dei mercati mondiali. Occorre spostare la produzione su settori a più alta tecnologia, dove il fattore conoscenza diventa prioritario, e, nel contempo, alzare il livello tecnologico dei settori tradizionali del *made in Italy* per realizzare il "bello ben fatto", coniugando creatività e innovazione, gusto estetico e nuovi materiali. Una politica industriale, quindi, al fine di mantenere la leadership sui nostri settori di eccellenza e, contemporaneamente, ricostruire la presenza di aziende e di alcune grandi imprese competitive nei prodotti del futuro.

Il programma potrebbe essere articolato su tre linee principali.

a) Puntare su cinque/sei grandi progetti collegati a settori/prodotti di sicura futura crescita di mercato e che presentino una ricaduta industriale di filiera, per un complessivo impegno finanziario. I progetti dovrebbero essere individuati da un "comitato di saggi" con una presenza del mondo della amministrazione e della scienza, ma con prevalenza della cultura industriale. Il comitato dovrebbe anche indirizzare e sorvegliare la esecuzione dei progetti e gestirne i risultati ai fini di massimizzarne l'effetto in termini produttivi.

b) Mettere a disposizione dei progetti di ricerca delle imprese fondi rotativi aggiuntivi, da concedere a tasso zero per la durata di sei-otto anni. In tale modo, senza prevedere fondi perduti le richieste delle aziende si concentreranno sui progetti il cui costo potrà essere recuperato sul mercato; inoltre si esalterà il carattere rotativo del fondo venendosi a costituire in pochi anni di finanziamento un montante cospicuo.

c) Incentivare in maniera orizzontale ed "automatica" l'innovazione, soprattutto nelle PMI e nelle imprese di media dimensione al fine di aumentarne le capacità competitive, moltiplicando i "campioni nazionali" non solo nei settori di nicchia. Soltanto poche PMI sono in grado di impostare e svolgere veri e propri programmi di ricerca, pertanto occorre varare norme che forzino l'innovazione e la competitività nei prodotti del *made in Italy*.

INDICE